동아시아 평화로 읽는

일본어 독해

이시윤 지음

신아사

머리말

지금 지구 여기저기에서는 나라와 나라 간의 영토분쟁이 끊임없이 일어나고 있습니다. 동아시아지역만 해도 한국 일본 중국 러시아 등이 영토 문제로 다투고 있습니다. 각각의 나라마다 자신들의 입장이 있고, 자기 처지에서 생각하고 판단하는 경향이 있기에 한 나라만의 주장을 들어보면 그 나라의 주장이 백번 타당하다고 여겨지는 것이 사실입니다.

이 책에서는 주요 영토 문제가 일어나는 지역인 독도(다케시마)와 첨각제도(센카쿠열도/다우이다오), 북방열도(쿠릴 열도), 이어도를 중심으로 각 나라의 입장을 살펴보았습니다.

이 책은 어디까지나 일본어 공부를 하는 것이 목적이기 때문에 본문은 되도록 간략히 하고, 문제 풀이를 중심으로 독해력과 어휘력 향상에 중점을 두었습니다. 특히 일본어 학습을 함에 있어 어려움을 느끼는 '일본어 한자 읽기'를 각항마다 배치, 한자 읽기 능력향상에도 힘썼습니다. 또한 중요어휘에서는 본문을 쉽게 해석할 수 있도록 단어가 아니라 문장 전체의 뜻을 달았습니다.

이 책이 일본어 향상은 물론이고 영토 문제가 일어나는 지역을 객관적으로 바라볼 수 있는 안목을 갖추는 데 도움이 되는 좋은 기회 되기를 빌며, 일본어 문장을 체크해 주신 아이자와 유카교수님께 진심으로 감사 말씀드립니다.

2021. 08. 30 저자 드림

목차

제1부 동아시아와 영토 문제

제2부 독도문제

1부

동아시아와 영토 문제

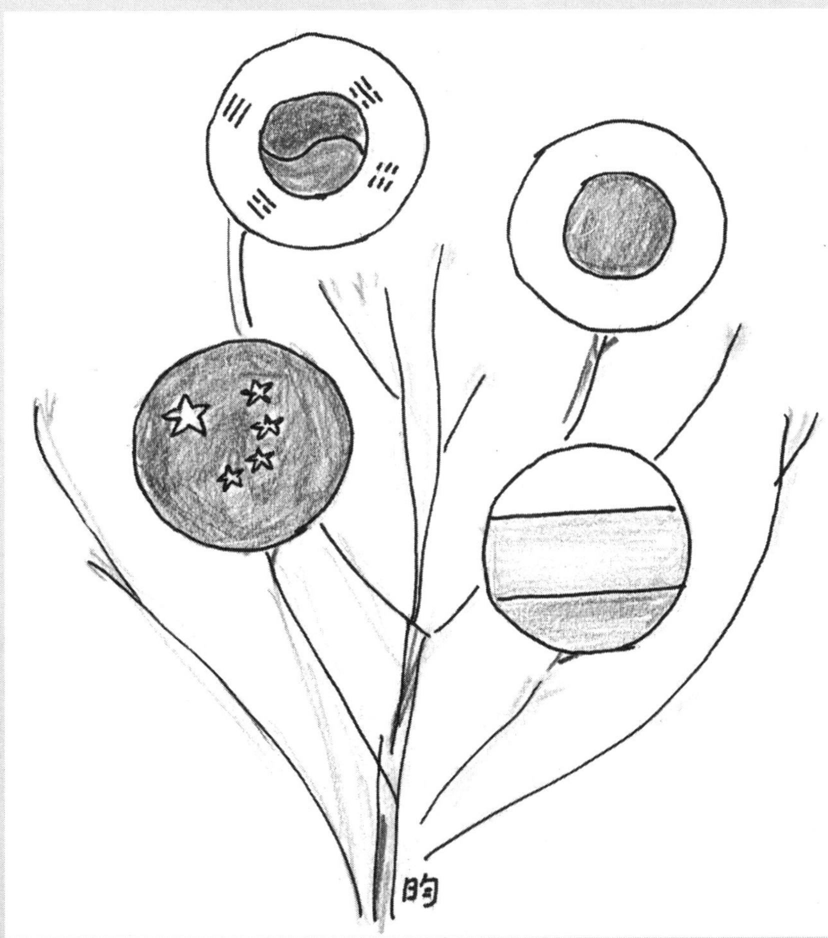

1과

동아시아 지역

1.1 동아시아 지역

東アジアは、ユーラシア大陸の東部にあたるアジア地域の一部を指す地理学的な名称である。北西からモンゴル高原、中国大陸、朝鮮半島、台湾列島、日本列島などを含む。北東アジア、極東、東亜などと呼ぶ場合もある。

地理的な区分として北は天山山脈からモンゴル高原、アムール川（黒竜江）まで、南は雲貴高原の地域であり、東は日本列島や台湾、西はチベット高原やヒマラヤ山脈までを含む地域である。

문형 & 표현

~を含む ~를 포함하다

접속

を 앞에는 명사가 온다

- **この酒は15%のアルコール分を含む。**
- **『18歳未満』は18歳を含むのか？**
- **『18歳以上』は、18歳を含みます。**

중요어휘

東アジア 동아시아 / **ユーラシア大陸** 유라시아대륙 / **東部にあたる** 동부에 해당하는 **指す**가리키는 / **地理学的な名称である** 지리학적인 명칭이다 / **含む** 포함한다 / **呼ぶ場合もある** 부르는 경우도 있다 / **地理的な区分として** 지리적인 구분으로 / **天山山脈** 텐산산맥 **アムール川** 아무르강 / **雲貴高原** 운귀고원 / **チベット高原やヒマラヤ山脈までを含む地域である** 티베트고원이나 히말라야산맥까지를 포함하는 지역이다

<문제**1**> 다음을 **OX**로 답하세요

1) 東(ひがし)アジアは、ユーラシア大陸(たいりく)の東部(とうぶ)にあたる。（　　）

2) 東(ひがし)アジアは、モンゴル高原(こうげん)を含(ふく)む。（　　）

3) 東(ひがし)アジアは北東(ほくとう)アジア、極東(きょくとう)、東亜(とうあ)などと呼(よ)ぶ場合(ばあい)もある。（　　）

4) 天山山脈(てんざんさんみゃく)も東(ひがし)アジアである。（　　）

5) チベット高原(こうげん)やヒマラヤ山脈(さんみゃく)は東(ひがし)アジアではない。（　　）

<문제**2**> 각각의 한자를 바르게 읽은 것을 고르세요

＜大陸＞

1. たいりゅく　2. たいりく　3. だいりゅく　4. だいりく

＜地域＞

1. ちいき　2. ちいいき　3. ちえいき　4. ちえき

＜名称＞

1. めいしょう　2. めしょう　3. めいそ　4. めいそう

＜極東＞

1. きょくとう　2. きょうとう　3. こくとう　4. こくどう

＜高原＞

1. こうけん　2. こうげん　3. ごうげん　4. こげん

<문제3> 다음 문장을 읽고 대답하세요

地理的な区分として北は天山山脈（ ①)モンゴル高原、アムール川（黒竜江）まで、南は雲貴高原の地域であり、東は日本列島や台湾、西はチベット高原やヒマラヤ山脈（ ② ）を含む地域である。

1. ①에 들어갈 알맞은 말을 쓰세요.

2. ②에 들어갈 알맞은 말을 쓰세요.

<문제4> 다음을 OX로 답하세요

1) 山田さんに含む三人が参加した。（　　）

2) 先生を含む全員が来た。（　　）

1.2 동아시아 국가

東アジアの東端は東海、黄海、東シナ海、南シナ海を経て西太平洋に繋がっている。北にロシアのシベリア、南に東南アジアのインドシナ半島、西に中央アジアと南アジア、そして東に太平洋を経て北アメリカと隣接する地域である。

現在では日本や中国、韓国、モンゴルなどの国家が成立している。

아시아의 여러 지역

문형 & 표현

~を経て ~를 지나

시일이 지나거나 그 장소를 지날 때 쓰인다.

· 数年を経て、願いがかなった。

· 長い時を経て、やっとチャレンジできました。

· シルクは中国を経て日本に伝わった。

· アメリカを経てヨーロッパへ行く。

중요어휘

東端 동쪽 끝 / **東シナ海** 동중국해 / **南シナ海を経て** 남중국해를 지나 / **西太平洋に繋がっている** 서태평양으로 연결되고 있다 / **そして** 그리고 / **北アメリカと隣接する地域である** 북아메리카와 인접하는 지역이다 / **現在では** 현재에는 / **成立している** 성립하고 있다/이루어져 있다

<문제**1**> 다음을 **OX**로 답하세요

1) 西太平洋(にしたいへいよう)は東(ひがし)アジアではない。 (　　)

2) 南(みなみ)は北(きた)アメリカと隣接(りんせつ)する。 (　　)

3) 南(みなみ)に東南(とうなん)アジアのインドシナ半島(はんとう)と隣接(りんせつ)する。 (　　)

4) 東(ひがし)アジアの東端(とうたん)は中央(ちゅうおう)アジアと繋(つな)がっている。 (　　)

5) 中国(ちゅうごく)、韓国(かんこく)、モンゴルなどは東(ひがし)アジアである。 (　　)

<문제**2**> 각각의 한자를 바르게 읽은 것을 고르세요

＜東端＞

1. とうたん　2. とたん　3. どうたん　4. どたん

＜半島＞

1. はんと　2. はんとう　3. はんど　4. はんどう

＜隣接＞

1. りせつ　2. りっせつ　3. りんせつ　4. りんぜつ

＜国家＞

1. こか　2. こくか　3. こっか　4. こっかい

＜成立＞

1. せいりつ　2. せいれつ　3. せえりつ　4. せりつ

<문제3> 다음 문장을 읽고 대답하세요

現在(げんざい)では(①)や中国(ちゅうごく)、韓国(かんこく)、(②)などの国家(こっか)が成立(せいりつ)している。

1. ①에 들어갈 알맞은 말을 쓰세요.

2. ②에 들어갈 알맞은 말을 쓰세요.

<문제4> 다음을 **OX**로 답하세요

1) **長(なが)い時(とき)に経(へ)て、やっと見(み)ることができた。** (　　)

2) **動物(どうぶつ)を経(へ)て先生(せんせい)になりました。** (　　)

1.3 동아시아의 유사점

東アジアは温暖な気候と河川流域、モンスーンの影響によって農耕に適した豊かな米作農業地域である。住める土地が大きく、太平洋や東シナ海から水産物が豊富に採れる。人口の規模も大きく、他の地域との貿易取引も活発である。東アジアでは古来より儒教や仏教の思想が各地に広まっていたので、漢字や建築様式などの文化に類似性が見られる。

문형 & 표현

~によって ~에 의해(서)

먼저 객관적인 원인을 서술하고 뒤에 그 원인에 의해 발생한 일을 서술할 때 쓰인다. 문장체에서 쓰인다.

접속

명사＋によって

· テストの結果によって、成績を決める。

· インターネットによって、世界中のニュースを知ることができる。

· 学生たちの協力によって、学校の安全は維持できる。

중요어휘

温暖な気候 온난한 기후 / **河川流域** 하천유역 / **モンスーンの影響によって** 몬순의 영향에 의해 **農耕に適した** 농경에 적합한 / **豊かな米作農業地域** 풍요로운 벼농사 지역 / **住める** 살 수 있는 **水産物が豊富に採れる** 수산물을 풍부하게 얻을 수 있다 / **人口の規模も大きく** 인구의 규모도 크고 **他の地域との貿易取引も活発である** 타 지역과의 무역거래도 활발하다 / **古来より** 옛날부터 **儒教** 유교 / **仏教の思想** 불교사상 / **各地に広まっていたので** 각지에 퍼져 있어서 **漢字や建築様式などの** 한자나 건축양식 등의 / **文化に類似性が見られる** 문화에 유사성이 보인다

<문제**1**> 동아시아에 관한 다음을 **OX**로 답하세요

1) 東(ひがし)アジアはモンスーンの影響(えいきょう)がある。（　　）

2) 東(ひがし)アジアは農耕(のうこう)に適(てき)した豊(ゆた)かな米作(いなさく)農業(のうぎょう)地域(ちいき)である。（　　）

3) 東(ひがし)アジアは住(す)める土地(とち)が大(おお)きい。（　　）

4) 水産物(すいさんぶつ)が豊富(ほうふ)に採(と)れる。（　　）

5) 東(ひがし)アジアは文化(ぶんか)に類似性(るいじせい)が見(み)られる。（　　）

<문제**2**> 각각의 한자를 바르게 읽은 것을 고르세요

＜温暖＞

1. おんたん　2. おんだん　3. おんなん　4. おんだ

＜気候＞

1. きこ　2. きご　3. きこう　4. きごう

＜流域＞

1. りゅういき　2. りゅうえき　3. るいき　4. るえき

＜影響＞

1. えいきょう　2. えいぎょう　3. えきょ　4. えきょう

＜貿易＞

1. ぼういき　2. ぼいき　3. ぼえき　4. ぼうえき

<문제**3**> 다음 문장을 읽고 대답하세요

東アジアは温暖な気候と河川流域、モンスーンの影響（ ① ）よって農耕に適した豊かな米作農業地域である。住める土地が大(きい②)、太平洋や東シナ海から水産物が豊富に採れる。

1. ①에 들어갈 조사를 쓰세요.

2. ②를 알맞게 고쳐 쓰세요.

<문제**4**> 다음을 **OX**로 답하세요

1) 気候をよって稲作は影響を受ける。（　　）

2) 水産物が豊富に採れるによって貿易取引も活発である。（　　）

이 과에서 알게 된 것을 자신의 생각과 함께 정리하세요

2과

동아시아의 주요 분쟁 지역

2.1 영토문제란 무엇인가

領土紛争は、一定の領土の主権をめぐって起こる国家間の国際紛争だ。領土紛争は、一般的に地と空が対象になるが、川と海なども紛争の対象になり得る。領土葛藤または領土問題とも言う。

隣接する国家の間に領有権を主張する領土が重なる場合、領土紛争が発生する。現代では天然資源をめぐって、領土紛争が起こることが多い。

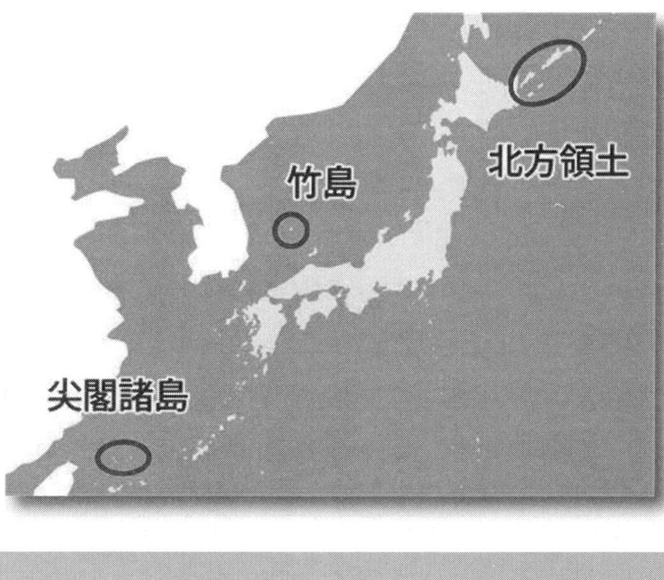

문형 & 표현

~をめぐって ~를 둘러싸고

어떤 쟁점과 의견 대립이 있는가를 설명할 때 쓰인다.

접속

명사+ をめぐって

- **その問題(もんだい)をめぐって、様々(さまざま)な意見(いけん)が出(で)ている。**
- **マンションの建設(けんせつ)をめぐって、争(あらそ)いが起(お)きている。**
- **父(ちち)の遺産(いさん)をめぐって、兄弟(きょうだい)が争(あらそ)っている。**

중요어휘

領土紛争(りょうどふんそう) 영토분쟁 / **一定(いってい)の領土(りょうど)の主権(しゅけん)をめぐって起(お)こる国家間(こっかかん)の国際紛争(こくさいふんそう)だ** 일정한 영토의 주권을 둘러싸고 일어나는 국가 간의 국제분쟁이다 / **一般的(いっぱんてき)に** 일반적으로 / **対象(たいしょう)になるが** 대상이 되지만 / **対象(たいしょう)になり得(う)る** 대상이 될 수 있다 / **領土葛藤(りょうどかっとう)** 영토갈등 / **隣接(りんせつ)する** 인접하는 **国家(こっか)の間(あいだ)に** 국가 간에 / **領有権(りょうゆうけん)を主張(しゅちょう)する** 영유권을 주장하는 / **重(かさ)なる場合(ばあい)** 겹치는 경우 **発生(はっせい)する** 발생한다 / **天然資源(てんねんしげん)をめぐって** 천연자원을 둘러싸고 / **起(お)こることが多(おお)い** 일어나는 일이 많다

<문제**1**> 다음 괄호 속에 알맞은 말을 고르세요

예) をめぐって　をめぐっている　をめぐる　にめぐって　にめぐっている

1) 一つの金塊(　　　　　　　　　　)、５人の男たちが戦った。

2) 賛否(　　　　　　　　　　)、議論があった。

3) 失敗の原因(　　　　　　　　　　)、会議が開かれた。

4) 親の遺産(　　　　　　　　　　)、争いが続いている。

<문제**2**> 각각의 한자를 바르게 읽은 것을 고르세요

＜領土＞

1. りょうと　2. りょうど　3. りょどう　4. りょど

＜対象＞

1. たいしょ　2. たいしょう　3. だいしょ　4. だいしょう

＜国家観＞

1. こかかん　2. こくかかん　3. こっかかん　4. こっかがん

＜現代＞

1. けんたい　2. けんだい　3. げんたい　4. げんだい

＜天然＞

1. てんえん　2. てんねん　3. でんえん　4. でんねん

<문제3> 다음 문장을 읽고 대답하세요

隣接する国家の間に領有権を主張する領土が重なる場合、領土紛争が発生する。現代では天然資源をめぐって、領土紛争が起こることが多い。

1. 영토분쟁은 어떤 경우에 일어나는가요?

2. 현대에는 영토분쟁의 주원인은 무엇인가요?

2.2 첨각제도

尖閣諸島は東シナ海の南西部にある島々で、魚釣島、北小島、南小島、久場島、大正島の5つの島と、いくつかの岩礁などで構成されている。総面積は約6.3㎢(平方キロメートル)である。そのうち、一番大きい魚釣島は沖縄本島から西へ410km、石垣島から北北西へ170km、台湾からは150km、中国大陸からは330kmの距離に位置している。現在、日本と中国、台湾が領有権を主張している。

첨각제도

문형 & 표현

~に位置(いち)している ~에 위치하고 있다

접속

명사에 온다

- 彼(かれ)の実力(じつりょく)は頂点(ちょうてん)に位置(いち)しています。
- 劇場(げきじょう)は中心(ちゅうしん)に位置(いち)している。
- 北海道(ほっかいどう)は日本(にほん)の北部(ほくぶ)に位置(いち)している。

중요어휘

尖閣諸島(せんかくしょとう) 첨각제도/센카쿠제도/댜오이다오 / **東(ひがし)シナ海(かい)** 동중국해 / **島々(しまじま)で** 섬들로 / **島(しま)** 섬 **いくつかの岩礁(がんしょう)などで構成(こうせい)されている** 몇 개인가의 암초 등으로 구성된 / **総面積(そうめんせき)** 총면적 **そのうち** 그중 / **一番(いちばん)大きい** 가장 큰 / **距離(きょり)に位置(いち)している** 거리에 있다 / **領有権(りょうゆうけん)を主張(しゅちょう)している** 영유권을 주장하고 있다

<문제1> 다음 각 괄호에 들어가는 알맞은 말을 골라 바르게 고치세요

예) で位置する　　に位置している　　にいる　　ている

1) 仁川(インチョン)グローバルキャンパスはどこ（　　　　　　　　　　　　　）

2) 売店(ばいてん)は食堂(しょくどう)のすぐそば（　　　　　　　　　　　　　）

3) 体育館(たいいくかん)は図書館(としょかん)の南東(なんとう)（　　　　　　　　　　　　　）

4) その公園(こうえん)は横浜(よこはま)美術館(びじゅつかん)の間(あいだ)（　　　　　　　　　　　　　）

5) 郵便局(ゆうびんきょく)は駅(えき)からすぐ近(ちか)く（　　　　　　　　　　　　　）

<문제2> 각각의 한자를 바르게 읽은 것을 고르세요

＜諸島＞
1. しょうと　2. しょうと　3. しょと　4. しょとう

＜岩礁＞
1. かんしょ　2. かんしょう　3. がんしょ　4. がんしょう

＜構成＞
1. こうせい　2. ごうせい　3. こせい　4. ごせい

＜距離＞
1. きょうり　2. きょり　3. ぎょうり　4. ぎょり

＜主張＞
1. しゅうちょ　2. しゅうちょう　3. しゅちょ　4. しゅちょう

<문제3> 다음 문장을 읽고 대답하세요

尖閣諸島(せんかくしょとう)は東(ひがし)シナ海(かい)の南西部(なんせいぶ)にある島々(しまじま)で、魚釣島(うおつりしま)、北小島(きたこじま)、南小島(みなみこじま)、久場島(くばしま)、大正島(たいしょうとう)の5つの島(しま)と、いくつかの岩礁(がんしょう)などで構成(こうせい)されている。総面積(そうめんせき)は約(やく)6.3㎢(平方(へいほう)キロメートル)である。現在(げんざい)、日本(にほん)と中国(ちゅうごく)、台湾(たいわん)が領有権(りょうゆうけん)を主張(しゅちょう)している。

1. 동중국해의 남서부에 있는 섬을 총칭해서 무엇이라고 하나요?

2. 첨각제도의 영유권을 주장하고 있는 나라를 쓰세요.

<문제4> 다음을 일본어로 쓰세요

1. km^2→

2. km →

2.3 북방영토

北方領土とは第二次世界大戦に関連して、ソ連（現在のロシア）が占領した歯舞群島、色丹島、国後島、択捉島の4つの島を指す。

面積はおよそ5,000㎢で、日ロ両国が自国の領土と主張し、現在ロシアが実効支配している。北方領土をめぐる日本とロシアの領有権の対立、これが「北方領土問題」だ。

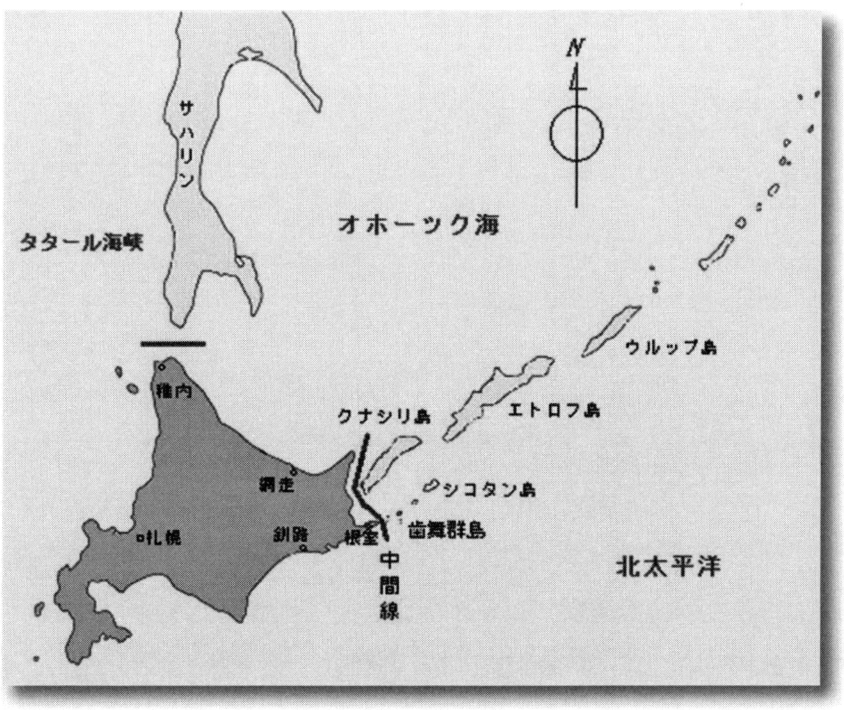

북방영토

문형 & 표현

~とは ~란

정의 · 명제 등의 주제임을 나타낸다.

접속

명사에 온다

· **友情とは、かけがえのないものだ。**

· **死とは何だ。**

· **納豆とはどんな食べ物ですか。**

중요어휘

北方領土とは 북방영토란 / **関連して** 관련하여 / **ソ連** 소련 / **占領した** 점령한 / **指す** 가르킨다
面積 면적 / **およそ** 대략 / **日ロ両国が自国の領土と主張し** 러일 양국이 자국의 영토라고 주장하고
実効支配している 실효 지배 하고 있다 / **対立** 대립 / **北方領土をめぐる** 북방영토를 둘러싼

<문제1> 다음 중 바르게 쓴 문장을 고르세요

1) 北方領土とは第二次世界大戦にある。

2) 4つの島を指す。

3) 日ロ両国が自国を領土と主張した。

4) 現在ロシアの実効支配している。

5) これの「北方領土問題」だ。

<문제2> 각각의 한자를 바르게 읽은 것을 고르세요

＜大戦＞
1. たいせん　2. たいぜん　3. だいせん　4. だいぜん

＜占領＞
1. せんりょ　2. せんりょう　3. せんれい　4. せんろう

＜両国＞
1. りょうこく　2. りょうごく　3. りょきょく　4. りょこく

＜領有権＞
1. りょゆけん　2. りょうゆけん　3. りょうゆうけん　4. りょゆうけん

＜対立＞
1. たいりつ　2. たりつ　3. だいりつ　4. だりつ

<문제3> 다음 문장을 읽고 대답하세요

北方領土とは第二次世界大戦に関連して、ソ連（現在のロシア）が占領した歯舞群島、色丹島、国後島、択捉島の4つの島を指す。面積はおよそ5,000㎢で、日ロ両国が自国の領土と主張し、現在ロシアが実効支配している。

1. 북방영토는 몇 개의 섬으로 되어 있나요?

2. 북방영토는 현재 어느 나라가 실효 지배하고 있습니까?

이 과에서 알게 된 것을 자신의 생각과 함께 정리하세요

3과

첨각제도에 대한 일본과 중국의 입장

3.1 첨각제도란

尖閣諸島は、日本の行政区画上は沖縄県石垣市に属し、中華人民共和国の行政区画上は台湾省に、中華民国の行政区画上は台湾省宜蘭県に属する。

一番大きい島は魚釣島(中国名・釣魚島)で、東西約3.5km、南北約2kmに達している。この島の最高点は海抜362mだ。

첨각제도

문형 & 표현

~に達する ~에 달하다

접속

명사에 접속한다

· 入場者は10万人に達した。

· 私はそれをするレベルに達していない。

· 一ヶ月に本を一冊も読まない人が60パーセントに達するそうだ。

중요어휘

行政区画上は 행정구역상은 / **属し** 속하고 / **一番大きい島は** 가장 큰 섬은 / **に達している** 에 달하고 있다 / **この島の最高点は海抜362mだ** 이 섬의 최고점은 해발 362미터이다

<문제1> 다음을 **OX**로 답하세요

1) 尖閣諸島は中華人民共和国の行政区画上は台湾省宜蘭県に属する。
( )

2) 一番大きい島は魚釣島である。 ( )

3) 新入生は二千人を達した。 ( )

4) 学校まで早く達した。 ( )

5) 魚釣島の最高点は海抜362mだ。 ( )

<문제2> 각각의 한자를 바르게 읽은 것을 고르세요

＜行政＞
1. きょうせい 2. きょせい 3. ぎょうせい 4. ぎょせい

＜区画＞
1. くかく 2. くうかく 3. ぐうかく 4. ぐかく

＜東西＞
1. とうざい 2. とざい 3. どうさい 4. どさい

＜南北＞
1. なんほく 2. なむぼく 3. なんぼく 4. なんぽく

＜海抜＞
1. かいはつ 2. かいばつ 3. がいはつ 4. がいばつ

<문제3> 다음 문장을 읽고 대답하세요

尖閣諸島(　　　　　　　)、日本の行政区画上は沖縄県石垣市に属し、中華人民共和国の 行政区画上は 台湾省に 、 中華民国の 行政区画上は 台湾省宜蘭県に属する。

1. 괄호 속에 들어갈 알맞은 조사를 쓰세요.

2. 위의 문장을 모두 해석하세요.

<문제4> 첨각제도의 영유권을 주장하는 나라를 모두 쓰세요

3.2 일본측의 주장

この群島は1885年、沖縄に住んでいた福岡県出身事業家の古賀辰四郎氏が発見してから、日本政府が無主地であることを確認し、1895年1月14日、沖縄県に正式編入した。

サンフランシスコ講和条約で日本政府が台湾と彭湖諸島を放棄したにも関わらず、この諸島を米国が沖縄の管轄内に置いて統治したのは、この諸島が台湾ではなく琉球諸島の付属島嶼であるからである。1972年、沖縄県が米国から返還された際、これらの島も琉球諸島と一緒に返還されたので、この諸島は日本の領土である。

고가씨에 의한 개척

문형 & 표현

~にも関わらず ~에도 불구하고

접속

동사보통형 い형용사보통형 な형용사어간+（である） 명사+（である）	にも関わらず

· 努力したにも関わらず 、うまくいかなかった。

· 彼は外国人であるにも関わらず、僕よりも日本に詳しい。

· あまり勉強しなかったにも関わらず、テストの成績はよかった。

중요어휘

群島 군도 / **出身** 출신 / **事業家の** 사업가인 / **発見してから** 발견하고 나서 / **無主地であることを確認し** 무주지인 것을 확인하고 / **正式編入した** 정식편입했다 / **サンフランシスコ講和条約** 샌프란시스코강화조약 / **放棄したにも関わらず** 포기했음에도 불구하고 / **管轄内に置いて統治したのは** 관할 내에 두고 통치한 것은 / **台湾ではなく** 타이완이 아니라 / **付属島嶼であるからである** 부속 도서이기 때문이다 / **返還された際** 반환되었을 때 / **一緒に返還されたので** 함께 반환되었으므로

<문제**1**> 다음을 **OX**로 답하세요

1) 尖閣諸島(せんかくしょとう)を発見(はっけん)したのは古賀辰四郎(こがたつしろう)氏(し)である。（　　）

2) 尖閣諸島(せんかくしょとう)を沖縄県(おきなわけん)に正式編入(せいしきへんにゅう)したのは中国政府(ちゅうごくせいふ)である。
（　　）

3) 日本政府(にほんせいふ)が台湾(たいわん)を放棄(ほうき)したのはサンフランシスコ講和条約(こうわじょうやく)ではない。（　　）

4) 米国(べいこく)が沖縄県(おきなわけん)を返還(へんかん)したのは1895年(ねん)である。（　　）

5) 琉球諸島(りゅうきゅうしょとう)と一緒(いっしょ)に返還(へんかん)されたのは沖縄県(おきなわけん)である。（　　）

<문제**2**> 각각의 한자를 바르게 읽은 것을 고르세요

＜政府＞
1. せいふ　2. せいふう　3. そうふ　4. そうふう

＜編入＞
1. ひえんにゅ　2. へっにゅう　3. へんにゅ　4. へんにゅう

＜米国＞
1. べいこく　2. べこく　3. べいごく　4. ぺいこく

＜統治＞
1. とうち　2. どうち　3. とおし　4. どおし

＜返還＞
1. へいかん　2. へかん　3. へんかん　4. へんがん

<**문제3**> 다음 문장을 읽고 대답하세요

1972年、沖縄県が米国から返還（する①）際、これらの島も琉球諸島と一緒に返還されたので、この諸島は日本の(②)である。

1. ①을 알맞게 고치세요.

2. ②에 들어갈 알맞은 단어를 고르세요.

a 努力　b 統治　c 領土　d 発見

<**문제4**> 다음을 **OX**로 답하세요

1) **一生懸命勉強しましたにも関わらず、大学の試験に落ちてしまった。**

(　　)

2) **彼女は学生ですにも関わらず、先生よりも中国に詳しい。**

(　　)

3.3 중국측의 주장

1863年に作成した地図には、すでにこの群島は、中国福建省として表示されていた。これは中国領土である。1895年の日清戦争の渦中に日本がこの群島を強制編入させたのは不法であり、無効だ。

この群島はかつて台湾省の付属島嶼だった。台湾島返還後も、米国がこの群島を中国側に返還せずに、沖縄の管轄内に置いて統治したが、中国側はこれらの島々に対する日米の占拠を承認したことはない。

청일전쟁

문형 & 표현

~ずに ~않고

ないで의 문장체 표현이다.

접속

ない형+ずに / する는 せずに

· **会員登録せずに購入できます。**

· **朝ごはんを食べずに学校に来ました。**

· **傘を持たずに、出かけてしまった。**

중요어휘

作成した地図には 작성된 지도에는 / **すでに** 이미 / **表示されていた** 표시되어 있었다 **日清戦争** 청일전쟁 / **渦中に** 와중에 / **強制編入させたのは** 강제 편입시킨 것은 **不法であり無効だ** 불법이고 무효다 / **かつて** 일찍이 / **付属島嶼** 부속 도서 / **返還せずに** 반환하지 않고 / **沖縄の管轄内に置いて統治したが** 오키나와의 관할 내에 두어 통치했지만 **占拠** 점거 / **承認したことはない** 승인한 적은 없다

<문제1> 다음을 **OX**로 답하세요

1) 日清戦争の渦中に日本が強制編入させたのは尖閣諸島である。

( )

2) この群島はかつて台湾省の付属島嶼ではなかった。 ( )

3) 中国側はこれらの島々に対する日米の占拠を承認した。

( )

4) 1895年の地図では、尖閣諸島は中国の領土であった。 ( )

5) 台湾島返還後、米国は尖閣諸島を中国側に返還した。 ( )

<문제2> 각각의 한자를 바르게 읽은 것을 고르세요

＜地図＞

1. ちいず 2. ちず 3. ちずう 4. じず

＜表示＞

1. ひょうし 2. ひょうじ 3. ひょし 4. ひょじ

＜渦中＞

1. かじゅ 2. かじゅう 3. かちゅ 4. かちゅう

＜不法＞

1. ふうほう 2. ふほう 3. ふうぼう 4. ふぼう

＜占拠＞

1. せんきょ 2. せんきょう 3. せんぎょ 4. せんぎょう

<문제**3**> 다음 문장을 읽고 대답하세요

1863年に作成（①する）た地図に、すでにこの群島は中国福建省として表示されていた。これは中国の領土である。1895年の日清戦争の渦中に日本がこの群島を強制編入（　②　）のは不法であり、無効だ。

1. ①을 알맞게 고치세요.

2. ②에 들어갈 알맞은 단어를 고르세요.

a する　b できる　c きた　d させた

<문제**4**> 다음을 **OX**로 답하세요

1) **本を見らずに買ってしまった。**（　　）

2) **学校に行きずに映画館に行った。**（　　）

이 과에서 알게 된 것을 자신의 생각과 함께 정리하세요

4과

쿠릴열도-북방영토

4.1 러시아의 제2차 세계대전 기념일

ロシア政府が、新型コロナウイルス感染拡散を理由に五月に予定していた第2次世界大戦勝利記念75周年行事を9月に延期する動きを見せている。日本政府は、「それなら安倍晋三首相は出席できない」と強い不快感を示した。

ロシア政府は通常、ソ連がナチス·ドイツに勝利した5月9日を第2次世界大戦勝利記念日にしていた。この行事には日本を含む各国首脳を招待するが、安倍首相も出席する予定だった。

러시아 전승 기념일 퍼레이드

문형 & 표현

それなら 그렇다면/그러면

접속사이다. 앞의 문장을 받아 그것에 대한 판단이나 상황을 나타낸다.

· 一つ(ひと)を選(えら)んでください。それなら私(わたし)は赤(あか)にします。

· 電車(でんしゃ)はもう終(お)わってしまいました。それなら歩(ある)いて帰(かえ)ります。

· 今日(きょう)は疲(つか)れた。それなら早(はや)く寝(ね)た方(ほう)がいいよ。

중요어휘

新型(しんがた)コロナウイルス 코로나19 / **感染拡散(かんせんかくさん)を理由(りゆう)に** 감염확산을 이유로 / **予定(よてい)していた** 예정하고 있던 / **延期(えんき)する動(うご)きを見(み)せている** 연기할 움직임을 보이고 있다 / **強(つよ)い不快感(ふかいかん)を示(しめ)した** 강한 불쾌감을 드러냈다. / **通常(つうじょう)** 보통 / **第2次世界大戦勝利記念日(だいじせかいたいせんしょうりきねんび)** 제2차 세계대전 승리기념일 **各国首脳(かくこくしゅのう)を招待(しょうたい)するが** 각국 수뇌를 초대하는데 / **出席(しゅっせき)する予定(よてい)だった** 출석할 예정이었다

<문제1> 다음을 OX로 답하세요

1) ロシアは、第2次世界大戦勝利記念75周年行事を9月に延期した。
( )

2) 日本政府は、第2次世界大戦勝利記念75周年行事に出席する。
( )

3) 安倍晋三首相は強い不快感を示した。 ( )

4) ソ連がナチス·ドイツに勝利したのは5月9日である。 ( )

5) ロシアは記念行事には、日本を含む各国首脳を招待する。 ( )

<문제2> 각각의 한자를 바르게 읽은 것을 고르세요

＜新型＞
1. しかた 2. しんかた 3. しんがた 4. しんけい

＜拡散＞
1. かくさん 2. がくさん 3. こうさん 4. ごうさん

＜理由＞
1. りいゆ 2. りいゆう 3. りゆ 4. りゆう

＜首相＞
1. しゅうしょ 2. しゅうしょう 3. しゅしょう 4. しゅそう

＜招待＞
1. しょうたい 2. しょたい 3. しょうだい 4. しょだい

<문제3> 다음 문장을 읽고 대답하세요

ロシア政府が、新型コロナウイルス感染拡散を理由に五月に予定していた第2次世界大戦勝利記念75周年行事を9月に延期する動きを見せている。日本政府は、「（　①　）安倍晋三首相は出席できない」と強い(　②　)を示した。

1. ①에 들어갈 알맞은 말을 쓰세요.

2. ②에 들어갈 알맞은 단어를 고르세요.

   a 関心　b 興味　c する　d 不快感

<문제4> 다음을 **OX**로 답하세요

1) それならにします。（　　）

2) それなら何ですか。（　　）

4.2 러시아의 제2차 세계대전기념일 변경

安倍首相は、ロシアと領有権紛争がある北方領土問題と関連して協議を進展させたいという考えだった。しかしロシアが行事延期開催日とした9月3日はソ連時代、「軍国主義日本に対する戦勝記念日」だ。ソ連崩壊後、ロシアでは前日の9月2日を「第2次世界大戦勝利記念日」に指定した。しかし最近、ウラジーミル·プーチンロシア大統領が「第2次世界大戦勝利記念日」を9月2日から9月3日に変更する法案に署名した。

전승 기념일의 러시아 푸틴 대통령

문형 & 표현

~に対する ~에 대한

접속

に対する＋명사

· 彼女の彼に対する態度は冷たい。

· 鈴木さんは家族に対する思いやりがある。

· 日本に対する印象がかなり変わった。

중요어휘

協議を進展させたいという考えだった 협의를 진행 시키고 싶은 생각이었다.
行事延期開催日とした 행사 연기 개최일로 한 / **軍国主義日本に対する** 군국주의 일본에 대한
戦勝記念日 전승기념일 / **ソ連崩壊後** 소련 붕괴 후 / **指定した** 지정했다 / **変更する法案に署名した** 변경하는 법안에 서명했다

<문제**1**> 다음을 **OX**로 답하세요

1) 日本とロシアの間には領有権紛争がある。（　　）

2) 9月3日はソ連時代、「軍国主義日本に対する戦勝記念日」である。（　　）

3) ソ連崩壊は9月2日だった。（　　）

4) ロシア大統領はプーチンではない。（　　）

5)「第2次世界大戦勝利記念日」を変更する法案は署名された。（　　）

<문제**2**> 각각의 한자를 바르게 읽은 것을 고르세요

＜法案＞
1. ほあん　2. ほうあん　3. ぼあん　4. ぼうあん

＜署名＞
1. しょうめい　2. しょめい　3. そめい　4. そもう

＜開催日＞
1. かいさいひ　2. かいさいび　3. かいしゃいひ　4. かいしゃいび

＜前日＞
1. せんしつ　2. せんじつ　3. ぜんしつ　4. ぜんじつ

＜延期＞
1. えき　2. えんき　3. えぎ　4. えんぎ

<문제3> 다음 문장을 읽고 대답하세요

しかしロシアが行事延期開催日とした（　①　）はソ連時代、「軍国主義日本に対する戦勝記念日」だ。ソ連崩壊後、（　②　）では前日の9月2日を「第2次世界大戦勝利記念日」に指定した。

1. ①에 들어갈 알맞은 말을 쓰세요.

2. ②에 들어갈 알맞은 단어를 고르세요.

   a 日本　b ロシア　c ソ連　d プーチン

<문제4> 다음을 OX로 답하세요

1) 学生に対するやさしい人です。（　　）

2) 新型コロナウイルスに対するの予防策です。（　　）

4.3 대일전승기념일

9月2日と9月3日は1日差だが、政治的な意味合いは違う。1945年9月2日、日本政府代表団は横浜に停泊中だった米軍戦艦ミズーリ号の船上で降伏文書に署名した。世界的に9月2日を第2次世界大戦の公式終戦の日とみなしている理由だ。ソ連は翌日、対日戦勝記念行事を行ったことを理由に、9月3日を公式終戦の日と見ている。

日本はロシアが「対日戦勝記念日」を復活させ、北方領土を第2次世界大戦の勝利の結果だと主張していると疑っている。

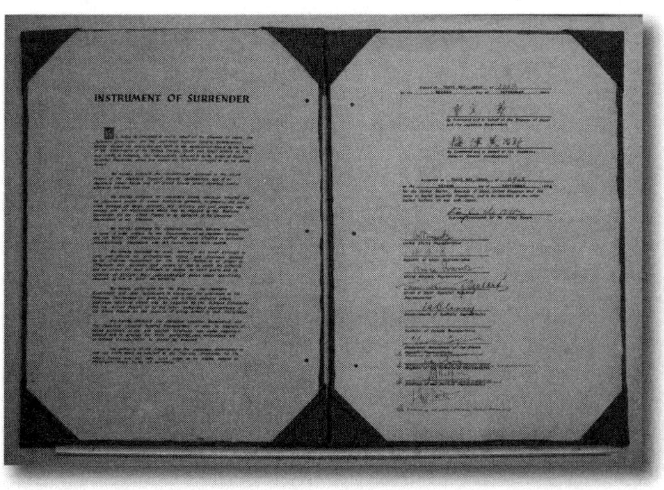

일본의 항복문서

문형 & 표현

~みなす ~로 간주하다/여기다

보고 판단하거나 가정하거나 할 때 쓰인다.

접속

みなす앞에는 조사 と가 온다.

· **返事(へんじ)がないので欠席(けっせき)とみなす。**

· **使用者(しようしゃ)を所有者(しょゆうしゃ)とみなす場合(ばあい)もあります。**

· **人(ひと)を資産(しさん)とみなす会社(かいしゃ)もある。**

중요어휘

1日差(いちにちさ)だが 하루 차이이지만 / **政治的(せいじてき)な意味合(いみあ)いは違(ちが)う** 정치적인 의미는 다르다 **停泊中(ていはくちゅう)だった** 정박 중이던 / **米軍戦艦(べいぐんせんかん)** 미군 전함 / **船上(せんじょう)で** 선상에서 / **降伏文書(こうふくぶんしょ)に署名(しょめい)した** 항복 문서에 서명했다 / **公式終戦(こうしきしゅうせん)の日(ひ)とみなしている** 공식종전일로 간주하고 있는 / **翌日(よくじつ)** 다음날 **復活(ふっかつ)させ** 부활시켜 / **勝利(しょうり)の結果(けっか)だと主張(しゅちょう)していると疑(うたが)っている** 승리의 결과라고 주장하고 있다고 의심하고 있다

<문제1> 다음을 OX로 답하세요

1) 9月2日と9月3日には、政治的な意味合いはない。 (　　)

2) 日本政府代表団は9月3日、降伏文書に署名した。 (　　)

3) 世界的に、9月2日を第2次世界大戦の公式終戦の日とみなしている。 (　　)

4) ソ連は、9月3日を公式終戦の日と見ている。 (　　)

5) ロシアは「対日戦勝記念日」を復活させた。 (　　)

<문제2> 각각의 한자를 바르게 읽은 것을 고르세요

<停泊中>
1. ていはくちゅう　2. ていはくじゅう　3. ていはくちゅ　4. てはくちゅう

<船上>
1. せんじょ　2. せんじょう　3. せんちょ　4. せんちょう

<文書>
1. ふんしょ　2. ふんしょう　3. ぶんしょ　4. ぶんしょう

<米軍>
1. べいくん　2. べいぐん　3. べえぐん　4. べくん

<公式>
1. こうしき　2. こしき　3. ごせき　4. ごうせき

<문제**3**> 다음 문장을 읽고 대답하세요

世界的に9月2日を第2次世界大戦の公式終戦の日とみなしている理由だ。（　①　）は翌日、対日戦勝記念行事を行ったことを理由に、（　②　）を公式終戦の日と見ている。

1. ①에 들어갈 알맞은 단어를 고르세요.

a 日本　b ロシア　c ソ連　d 理由

2. ②에 들어갈 알맞은 말을 쓰세요.

<문제**4**> 다음을 **OX**로 답하세요

1) **人を資産をみなす会社もある。（　　）**

2) **あなたを敵とみなします。（　　）**

이 과에서 알게 된 것을 자신의 생각과 함께 정리하세요

5과

이어도

5.1 이어도

離於島(イオド)は馬羅島(マラド)西南(せいなん)81海里(かいり)（149キロ）、中国(ちゅうごく)余山島(よざんとう)から287キロ、長崎県鳥島西約(ながさきけんとりしまにしやく)276キロ（160マイル）離(はな)れた地点(ちてん)に位置(いち)する水中暗礁(すいちゅうあんしょう)だ。平均水深(へいきんすいしん)50メートル、長(なが)さは南北(なんぼく)に1,800メートル、東西(とうざい)に1,400メートルだ。面積(めんせき)は約(やく)11万(まん)3,000坪(つぼ)で、4つの峰(みね)を持(も)っている。韓国海洋学界(かんこくかいようがっかい)での公式名称(こうしきめいしょう)は「破浪島(パランド)」だ。韓国(かんこく)は2003年(ねん)、離於島(イオド)に海洋科学基地(かいようかがくきち)を建設(けんせつ)、現在実効支配(げんざいじっこうしはい)をしている。

문형 & 표현

~ている ~하고 있다

동작의 계속이나 상태 등 여러 가지로 쓰인다.

접속

て형에 온다.

① 동작의 계속/진행

· **ミラーさんは今、電話をかけています。**

· **山田さんは今、先生と話しています。**

② 결과의 상태

· **私は結婚しています。**

· **私は京都に住んでいます。**

중요어휘

離於島は馬羅島西南81海里 이어도는 마라도 서남 81해리 / **離れた地点に位置する水中暗礁だ** 떨어진 지점에 위치하는 수중 암초다 / **面積** 면적 / **坪で** 평으로 / **4つの峰を持っている** 네 개의 봉우리를 가지고 있다 / **峰** 봉우리 / **学界での公式名称は** 학계에서의 공식명칭은 **海洋科学基地** 해양과학기지

<문제**1**> 다음을 **OX**로 답하세요

1) **馬羅島(マラド)西南(せいなん)81海里(かいり)にあるのは離於島(イオド)である。**（　　）

2) **離於島(イオド)は水中暗礁(すいちゅうあんしょう)である。**（　　）

3) **離於島(イオド)は3つの峰(みね)を持(も)っている。**（　　）

4) **破浪島(パランド)の韓国海洋学界(かんこくかいようがっかい)での公式名称(こうしきめいしょう)は離於島(イオド)である。**（　　）

5）**韓国(かんこく)は離於島(イオド)を実効支配(じっこうしはい)している。**（　　）

<문제**2**> 각각의 한자를 바르게 읽은 것을 고르세요

＜面積＞
1. めんしき　2. めんせき　3. めんじき　4. めんぜき

＜海里＞
1. かいり　2. かいりい　3. かり　4. がいり

＜水中＞
1. すいじゅ　2. すいじゅう　3. すいちゅ　4. すいちゅう

＜平均＞
1. ひょうきん　2. へいきん　3. へきん　4. ぴょんぎゅん

＜学界＞
1. がくかい　2. かっかい　3. がっかい　4. がっけい

<문제**3**> 다음 문장을 읽고 대답하세요

韓国海洋学界での公式名称は（　①　）だ。韓国は（　②　）年、離於島に海洋科学基地を建設、現在実効支配している。

1. ①에 들어갈 알맞은 단어를 쓰세요.

2. ②에 들어갈 알맞은 단어를 고르세요.

a 2001　b 2002　c 2003　d 2004

<문제**4**> 다음을 **OX**로 답하세요

1) **日本語を勉強しています。（　　）**

2) **この本を読んであります。（　　）**

5.2 이어도의 중요성

離於島は、最高峰が水中4.6メートル下に沈んでいて、10メートル以上の波がない限り、肉眼ではなかなか見ることができない。このため、済州島の伝説には、漁夫たちが死んだら行く想像上の島として登場している。離於島は文学作品の中でもたびたび登場する。離於島付近の水域は様々な魚種が生息するだけでなく、中国·東南アジアおよびヨーロッパへの主要航路が通過するなど、地政学的にも非常に重要な海域である。

이어도 해양과학기지

문형 & 표현

~だけでなく ~뿐만 아니라

그것 외에도 있다는 뜻으로 쓰인다.

접속

동사보통형
イ형용사보통형
ナ형용사 な / である
명사
\+ だけでなく

· 行くだけでなく、買い物もします。

· 漢字は書くのが難しいだけでなく、読むのも難しいです。

· このレストランはきれいなだけでなく、美味しい。

· トムさんは日本語だけでなく、中国語も話すことができる。

중요어휘

最高峰が水中4.6メートル下に沈んでいて 최고봉이 수중 4.6m 아래에 잠겨있어 / **10メートル以上の波がない限り** 10m 이상의 파도가 없는 한 / **肉眼ではなかなか見ることができない** 육안으로는 좀처럼 볼 수가 없다 / **このため** 이 때문에 / **済州島の伝説には** 제주도의 전설에는 / **漁夫たちが死んだら行く想像上の島として** 어부들이 죽으면 가는 상상의 섬으로 **登場している** 등장하고 있다 / **文学作品の中でもたびたび登場する** 문학작품 속에서도 자주 등장한다 **離於島付近の水域は** 이어도 부근의 수역은 / **様々な魚種が生息するだけでなく** 여러 가지 어종이 서식할 뿐만 아니라 / **および** 및 / **主要航路が通過するなど** 주요 항로가 통과하는 등 **地政学的にも非常に重要な海域である** 지정학적으로도 매우 중요한 해역이다

<문제**1**> 다음을 **OX**로 답하세요

1) 離於島(イオド)は、10メートル以上(いじょう)の波(なみ)がない限(かぎ)り、見(み)ることができない。
( )

2) 済州島(さいしゅうとう)の伝説(でんせつ)では、離於島(イオド)は漁夫(ぎょふ)たちが死(し)んだら行(い)く想像上(そうぞうじょう)の島(しま)で ある。 ( )

3) 離於島(イオド)は、文学作品(ぶんがくさくひん)の中(なか)では登場(とうじょう)しなかった。 ( )

4) 離於島付近(イオドふきん)の水域(すいいき)は様々(さまざま)な魚種(ぎょしゅ)が生息(せいそく)している。 ( )

5) 離於島(イオド)は、地政学的(ちせいがくてき)にはあまり重要(じゅうよう)な海域(かいいき)ではない。 ( )

<문제**2**> 각각의 한자를 바르게 읽은 것을 고르세요

<以上>
1. いじょ 2. いじょう 3. いぞ 4. いぞう

<肉眼>
1. にくあん 2. にくかん 3. にくがん 4. にぐかん

<伝説>
1. てんせつ 2. でんせつ 3. てんせる 4. でんせる

<海域>
1. かいいき 2. かいき 3. かいいぎ 4. がいいき

<漁種>
1. きょしゅ 2. きょしゅう 3. ぎょしゅ 4. ぎょしゅう

<문제**3**> 다음 문장을 읽고 대답하세요

離於島(イオド)は、最高峰(さいこうほう)が水中(すいちゅう)4.6メートル下(した)に沈(しず)んでいて、（ ① ）メートル以上(いじょう)の波(なみ)がない限(かぎ)り、肉眼(にくがん)では（ ② ）見(み)ることができない。

1. ①에 들어갈 알맞은 단어를 고르세요.
a 4.6　b 5　c 10　d 15

2. ②에 들어갈 알맞은 단어를 고르세요.
a なかでも　b たいへん　c なかなか　d たくさん

<문제**4**> 다음을 **OX**로 답하세요

1) 行(い)かだけでなく見(み)ます。（　　）

2) きれいだけでなく美味(おい)しいです。（　　）

5.3 중국과의 마찰

中国は1990年代以降、離於島は自国の水域内にあると主張し、韓国と摩擦が生じている。2001年6月30日、韓中漁業協定では、離於島海域を韓中漁船が共同で操業する共同水域に設定した。両国は、2006年には離於島が水中暗礁で島ではないために、領土問題の対象ではないということで合意した。しかし、中国は、韓国が離於島に海洋科学基地を設置したのは問題があると、持続的に抗議してきた。2013年には、離於島と周辺排他的経済水域の上空を「中国防空識別圏」に宣言し、議論になった。

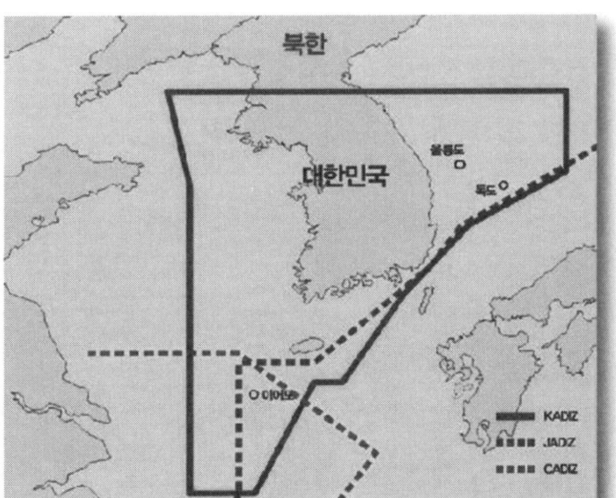

한국·일본·중국의 방공식별권

문형 & 표현

~ために ~ 때문에/위하여

동사의 경우, 원인 · 이유일 때는 주로 과거형에 오고, 목적일 때는 사전형에 온다.

접속

동사 た형 / 사전형
명사の
イ형용사 과거형
ナ형용사 な
+ ために

① 원인이나 이유를 나타낸다.

· **事故(じこ)が起(お)こったために、電車(でんしゃ)が遅(おく)れている。**
· **忙(いそが)しかったために、宿題(しゅくだい)ができなかった。**

② 목적을 나타낸다

앞의 문장에는 말하는 사람의 목적이 오고, 뒤의 문장에는 그 목적을 실현하기 위한 행위가 온다.

· **医者(いしゃ)になるために、医科大学(いかだいがく)を受験(じゅけん)する。**
· **海外旅行(かいがいりょこう)をするために、パスポートをとる。**

중요어휘

自国(じこく)の水域内(すいいきない)にあると主張(しゅちょう)し 자국 수역 내에 있다고 주장하며 / **韓国(かんこく)と摩擦(まさつ)が生(しょう)じている** 한국과 마찰이 생기고 있다 / **韓中漁業協定(かんちゅうぎょぎょうきょうてい)では** 한중어업협정에서는 / **海域(かいいき)を** 해역을 / **韓中漁船(かんちゅうぎょせん)が共同(きょうどう)で操業(そうぎょう)する共同水域(きょうどうすいいき)に設定(せってい)した** 한중 어선이 공동으로 조업하는 공동수역으로 설정했다 **水中暗礁(すいちゅうあんしょう)で島(しま)ではないために** 수중 암초로 섬이 아니기 때문에 / **領土問題(りょうどもんだい)の対象(たいしょう)ではないということで合意(ごうい)した** 영토 문제대상이 아니라는 것으로 합의했다 / **設置(せっち)したのは** 설치한 것은 **持続的(じぞくてき)に抗議(こうぎ)してきた** 지속적으로 항의해 왔다

<문제**1**> 다음을 **OX**로 답하세요

1) 韓国(かんこく)と中国(ちゅうごく)との離於島(イオド)摩擦(まさつ)は、1990年代以前(ねんだいいぜん)からである。(　　)

2) 離於島(イオド)海域(かいいき)を韓中漁船(かんちゅうぎょせん)の共同水域(きょうどうすいいき)に設定(せってい)したのは2001年(ねん)である。(　　)

3) 韓国(かんこく)と中国(ちゅうごく)は離於島(イオド)が島(しま)ではないことで合意(ごうい)した。(　　)

4) 韓国(かんこく)は、離於島(イオド)に海洋科学基地(かいようかがくきち)を設置(せっち)した。(　　)

5) 中国(ちゅうごく)は、韓国(かんこく)が離於島(イオド)に海洋科学基地(かいようかがくきち)を設置(せっち)したのを抗議(こうぎ)した。(　　)

<문제**2**> 각각의 한자를 바르게 읽은 것을 고르세요

＜以降＞
1. いこ　2. いこう　3. いご　4. いごう

＜漁業＞
1. きょきょう　2. きょぎょ　3. ぎょぎょ　4. ぎょぎょう

＜操業＞
1. そぎょ　2. そぎょう　3. そうぎょ　4. そうぎょう

＜水域＞
1. すいき　2. すいいき　3. すいえき　4. すういき

＜上空＞
1. じょうこう　2. じょこう　3. じょうくう　4. じょくう

<문제**3**> 다음 문장을 읽고 대답하세요

（　①　）は1990年代以降、離於島が自国の水域内にあると主張し、（②）と摩擦が生じている。

1. ①에 들어갈 알맞은 단어를 쓰세요.

2. ②에 들어갈 알맞은 단어를 쓰세요.

<문제**4**> 다음을 **OX**로 답하세요

1) **事故にために、電車が遅れた。**（　　）

2) **忙しいために、宿題ができなかった。**（　　）

이 과에서 알게 된 것을 자신의 생각과 함께 정리하세요

6과

독도

6.1 도쿄올림픽 조직위원회

韓国政府は、東京オリンピック・パラリンピック組織委員会の公式ホームページに、独島が日本の領土と表示されたことについて、日本側に抗議した。日本側は、「国際法的に日本固有の領土」と主張し、受け入れなかった。東京オリンピック組織委員会のホームページには、独島が島根県の北西に小さな点で標されている。

독도

문형 & 표현

小さな/小さい 작은

둘 다 뜻은 '작은'이다. 小さな는 연체사로 명사 앞에만 오고, 小さい는 형용사로 명사의 앞이나 문장 끝 등에 온다. 연체사란 명사를 수식하는 품사를 말한다. 연체사에는 あの, 大きな 등이 있다.

· **このりんごは小さい。**
· **小さなりんごがある。**

* **小さな**와 **小さい** 정리

小さな	小さい
주관적	객관적
연체사	형용사
명사 앞에만 온다	명사 앞이나 문장 끝에 온다

중요어휘

東京オリンピック・パラリンピック組織委員会 도쿄올림픽 • 패럴림픽 조직위원회
日本の領土と表示されたことについて 일본의 영토라고 표시된 것에 대해서
日本側に抗議した 일본 측에 항의했다 / **国際法的に** 국제법상 / **主張し** 주장하고
受け入れなかった 받아들이지 않았다 / **小さな点で標されている** 작은 점으로 표시되어 있다

<**문제1**> 다음을 **OX**로 답하세요

1) 東京オリンピック組織委員会は独島を日本の領土と表示した。

( )

2) 韓国は東京オリンピック地図に独島を日本の領土と表示した。

( )

3) 日本側は、韓国政府の抗議を受け入れた。 ( )

4) 日本側は、韓国政府に抗議した。 ( )

5) 東京オリンピックのホームページには、独島が島根県の北東に小さな 点で標されている。 ( )

<**문제2**> 각각의 한자를 바르게 읽은 것을 고르세요

<今月>

1. こんけつ 2. こんげつ 3. ごんけつ 4. ごんげつ

<東京>

1. とうきょう 2. ときょう 3. どうきょう 4. どきょう

<抗議>

1. こうぎ 2. こぎ 3. ごうぎ 4. ごき

<主張>

1. しゅちょ 2. しゅちょう 3. じゅちょ 4. じゅちょう

<組織>

1. そうしき 2. そしき 3. そうしょく 4. そしょく

<문제3> 다음 문장을 읽고 대답하세요

（ ① ）は、「国際法的に日本固有の（ ② ）」と主張し、受け入れなかった。

1. ①에 들어갈 알맞은 단어를 쓰세요.

2. ②에 들어갈 알맞은 단어를 쓰세요.

<문제4> 다음을 OX로 답하세요

1) 大きい木があります。（　　）

2) この花は小さな。（　　）

6.2 한반도기

韓国外交部は、「独島を日本の領土であるかのように記載したのは遺憾」とし、「2018年平昌冬季オリンピックでは、オリンピック精神に反するという日本の抗議に応じ、韓半島旗の独島表示を削除した」と抗議した。2018年平昌冬季オリンピック当時、日本側は、南北単一チームの韓半島旗に独島が表記されたことに強く抗議した。これに国際オリンピック委員会(IOC)が韓半島旗を、「政治的行為」と規定し、独島のない韓半島旗が採択されたのである。

한반도기

문형 & 표현

かのように ~인 것처럼

실제로는 그렇지 않은데「~인 것처럼」말하거나 행동할 때 쓰인다. かのようだ가 기본형이다.

접속

동사보통형 イ형용사보통형	+ かのように
ナ형용사어간 명사	+ であるかのように

· 彼女は自分で作ったかのように話した。

· 喧嘩していたのに、何事もなかったかのように話している。

· 彼は犬が好きであるかのように話している。

· 山田さんは猫を宝物であるかのように大切にしている。

중요어휘

日本の領土であるかのように記載したのは遺憾 일본 영토인 것처럼 기재한 것은 유감
オリンピック精神に反する 올림픽 정신에 위반한다 / **抗議に応じ** 항의에 응하여
韓半島旗 한반도기 / **削除した** 삭제했다 / **強く抗議した** 강하게 항의했다 / **これに** 이에
政治的行為と規定し 정치적 행위로 규정하고 / **採択されたのである** 채택된 것이다

<문제**1**> 다음을 **OX**로 답하세요

1) 独島を日本の領土であるかのように記載したのは韓国外交部である。（　　）

2) 2018年平昌冬季オリンピックでは、韓半島旗の独島表示を削除した。（　　）

3) 韓半島旗を、「政治的行為」と規定したのはIOCである。（　　）

4) 韓国政府は、オリンピック精神に反するという日本の抗議に応じなかった。（　　）

5) 日本側は、韓半島旗の独島を抗議しなかった。（　　）

<문제**2**> 각각의 한자를 바르게 읽은 것을 고르세요

＜記載＞

1. きいさい　2. きさい　3. きざい　4. ぎさい

＜遺憾＞

1. いかん　2. ゆかん　3. いがん　4. ゆがん

＜精神＞

1. せいしん　2. せいじん　3. せしん　4. じょうしん

＜削除＞

1. さくしょ　2. さくじょ　3. さくじょう　4. さくぞ

＜当時＞

1. とじ　2. とうじ　3. どじ　4. どうじ

<문제3> 다음 문장을 읽고 대답하세요

これに国際オリンピック委員会(IOC)が韓半島旗を、「（ ① ）」と規定し、（ ② ）のない韓半島旗が採択されたのである。

1. ①에 들어갈 알맞은 단어를 쓰세요.

2. ②에 들어갈 알맞은 단어를 쓰세요.

<문제4> 다음을 **OX**로 답하세요

1) お金がありかのように話した。（　　）

2) 公園が静かのように話す。（　　）

6.3 독도와 러시아 군용기 사건

日本政府は、韓国空軍が独島付近の領空を侵犯したロシア軍用機に警告射撃をしたことについて、「竹島は日本固有の領土であり、領空を侵害したロシアに対し、日本が対応しなければならない。」と抗議した。韓国外交部は、「独島は歴史的、地理的、国際法的に明白な韓国固有の領土であり、日本の主張は受け入れられない」と一蹴した。

러시아 군용기의 독도 침범 및 한국공군의 경고사격

문형 & 표현

なければならない ~해야만 한다 /~하지 않으면 안 된다

접속

동사ない형
イ형용사어간+く] + なければならない
ナ형용사어간
명사] + で (じゃ) なければならない

· 約束(やくそく)は守(まも)らなければならない。

· りんごは赤(あか)くなければならない。

· 図書館(としょかん)は静(しず)かでなければならない。

· 履歴書(りれきしょ)は手書(てが)きじゃなければならない。

중요어휘

独島付近の領空を侵犯した 독도부근의 영공을 침범한 / **警告射撃をしたことについて** 경고사격을 한 것에 대하여 / **領空を侵害したロシアに対し** 영공을 침해한 러시아에 대해 / **日本が対応しなければならない** 일본이 대응해야만 한다 / **日本の主張は受け入れられない** 일본의 주장은 받아들일 수 없다 / **一蹴した** 일축했다

<문제**1**> 다음을 **OX**로 답하세요

1) 独島付近の領空を侵犯したのは、ロシア軍用機である。（　　）

2) 韓国空軍はロシア軍用機に警告射撃をした。（　　）

3) 日本政府は韓国空軍の対応に抗議した。（　　）

4) 韓国外交部は、日本の主張を受け入れなかった。（　　）

5) 韓国外交部は、竹島は日本固有の領土であると抗議した。（　　）

<문제**2**> 각각의 한자를 바르게 읽은 것을 고르세요

＜侵犯＞

1. しんはん　2. しんばん　3. しんぱん　4. ちんぱん

＜警告＞

1. けいこく　2. けこく　3. けいごく　4. げいこく

＜射撃＞

1. しゃけき　2. しゃげき　3. じゃけき　4. じゃげき

＜侵害＞

1. しんかい　2. しんがい　3. ちんかい　4. ちんがい

＜一蹴＞

1. いっしゅ　2. いっしゅう　3. いくしゅ　4. いくしゅう

<**문제3**> 다음 문장을 읽고 대답하세요

（ ① ）は、「独島(トクト)は歴史的(れきしてき)、地理的(ちりてき)、国際法的(こくさいほうてき)に明白(めいはく)な韓国固有(かんこくこゆう)の領土(りょうど)であり、（ ② ）の主張(しゅちょう)は受(う)け入(い)れられない」と一蹴(いっしゅう)した。

1. ①에 들어갈 알맞은 단어를 쓰세요.

2. ②에 들어갈 알맞은 단어를 쓰세요.

<**문제4**> 다음을 **OX**로 답하세요

1) 今行(いまい)くなければならない。（　　）

2) 花(はな)は赤(あか)いなければならない。（　　）

이 과에서 알게 된 것을 자신의 생각과 함께 정리하세요

2부

독도 문제

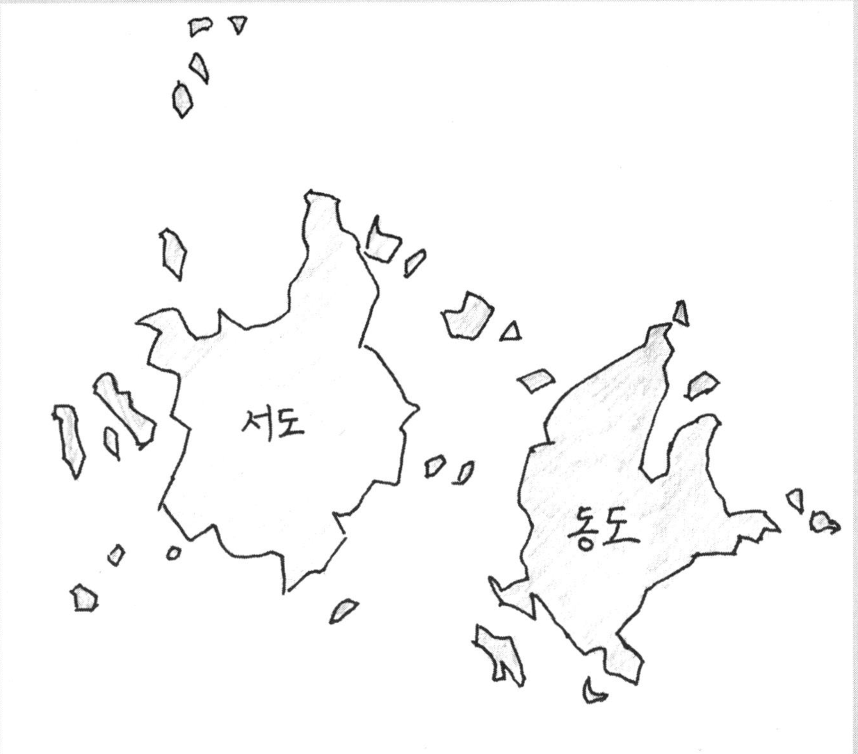

7과

다케시마-일본 자료

7.1 다케시마와 마츠시마

現在の竹島は、我が国ではかつて「松島」と呼ばれ、逆に鬱陵島が「竹島」や「磯竹島」と呼ばれていた。我が国が「竹島」と「松島」の存在を古くから承知していたことは各種の地図や文献からも確認できる。

日本国内では、古来の「竹島」、「松島」に関する知識と、その後に欧米から伝えられた名前が混在していたが、1880年に現地調査を行い、「松島」と称されている島が鬱陵島であることを確認した。その後、鬱陵島は「松島」と称されることになったため、1905年、これまでの名称を入れ替える形で現在の竹島を正式に「竹島」と命名した。

다케시마의 옛날 명칭

문형 & 표현

れる／られる ~되다/~당하다

れる／られる는 수동형이다. 크게 직접 수동과 간접 수동으로 나뉜다.

접속

동사의 ない형에 온다. 1그룹은 어미를 あ단으로 바꾸어 れる를 붙이고 2그룹은 る를 떼고 られる를 붙인다. 来る는 こられる, する는 される가 된다.

예외) 1그룹의 어미 う는 わ로 바뀐다

1. 직접 수동

동작을 받는 사람에게는 조사 は가, 동작을 하는 사람에게는 に나 から가 온다. 주어는 생략될 수 있다.

· **私は先生に叱られた。**

· **遅刻して先生から注意された。**

2. 간접 수동

동작을 받는 사람(주어)에게는 조사 は가, 동작을 시키는 사람에게는 に가 온다. 간접수동문에서는 동작을 받는 사람이 동작하는 측에 의해 어떠한 피해를 받는 것을 나타낸다. 주어가 물건이나 사물인 경우, 객관적인 사실을 나타내는 표현이 된다.

· **毎日書いている日記を友人に見られた。**

· **運動会は明日行われます。**

중요어휘

我が国ではかつて 우리나라에서는 일찍이 / **逆に** 거꾸로 / **鬱陵島** 울릉도 / **古くから承知していたことは** 옛날부터 알고 있었던 것은 / **文献からも確認できる** / 문헌에서도 확인할 수 있다 **古来の** 옛날부터의 / **欧米から伝えられた** 구미에서 전해진 / **混在していたが** 혼재하고 있었는데 **現地調査を行い** 현지 조사를 하여 / **「松島」と称されることになったため** 마츠시마라고 칭해지게 되었기 때문에 / **これまでの** 이제까지의 / **名称を入れ替える形で** 명칭을 교체하는 형태로 **命名した** 명명했다

<문제**1**> 다음을 **OX**로 답하세요

1) 竹島は、日本ではかつて「松島」と呼ばれていた。（　　）

2) 鬱陵島は「竹島」や「磯竹島」と呼ばれていた。（　　）

3) 「松島」と称されている島が鬱陵島であることを確認したのは韓国である。（　　）

4) 竹島を正式に「竹島」と命名したのは1880年である。（　　）

<문제**2**> 각각의 한자를 바르게 읽은 것을 고르세요

＜混在＞

1. こうざい　2. こんさい　3. こんざい　4. ごんざい

＜文献＞

1. ふんけん　2. ふんげん　3. ぶんけん　4. ぶんげん

＜各種＞

1. かくしゅ　2. かくしゅう　3. がくしゅ　4. がくしゅう

＜知識＞

1. じしき　2. じしょく　3. ちしき　4. ちしょく

＜命名＞

1. めうめう　2. めいめい　3. めめ　4. めめい

<문제3> 다음 문장을 읽고 대답하세요

現在の竹島は、我が国ではかつて「（　①　）」と呼ばれ、逆に鬱陵島が「（　②　）」や「磯竹島」と呼ばれていた。我が国が「竹島」と「松島」の存在を古くから承知していたことは各種の地図や文献からも確認できる。

1. ①에 들어갈 알맞은 단어를 쓰세요.

2. ②에 들어갈 알맞은 단어를 쓰세요.

<문제4> 다음을 OX로 답하세요

1) これは誰かが見られると困る。（　　）

2) 私は彼を泥棒と思われた。（　　）

7.2 우산국과 우산도

韓国が古くから竹島を認識していたという主張には根拠はない。例えば、韓国側は、朝鮮の古文献『三国史記』(1145年)、『世宗実録地理誌』(1454年)、『新増東国輿地勝覧』(1531年)などの記述をもとに、「鬱陵島」と「于山島」という2つの島を古くから認知していたのであり、その「于山島」こそ、現在の竹島であると主張している。しかし、『三国史記』には、于山国であった鬱陵島が512年に新羅に帰属したとの記述はあるが、「于山島」に関する記述はない。また、朝鮮の他の古文献中にある「于山島」の記述には、その島には多数の人々が住み、大きな竹を産する等、竹島の実状に見合わないものがあり、むしろ、鬱陵島を想起させるものとなっている。

문형 & 표현

こそ ~야 말로

강조의 표현이다. 플러스의 의미를 강조할 때 쓰이며 마이너스의 의미를 강조할 때는 쓰이지 않는다.

접속

명사 + こそ

· 今年(ことし)こそJLPTに合格(ごうかく)したい。

· この本(ほん)こそ私(わたし)が探(さが)していた本(ほん)です。

중요어휘

韓国(かんこく)が古(ふる)くから 한국이 옛날부터 / **根拠(こんきょ)はない** 근거는 없다 / **例(たと)えば** 예를 들면 / **古文献(こぶんけん)** 고문헌 / **『世宗実録地理誌(せそうじつろくちりし)』** 세종실록지리지 / **『新増東国輿地勝覧(しんぞうとうこくよちしょうらん)』** 신증동국여지승람 **記述(きじゅつ)をもとに** 기술을 토대로 / **認知(にんち)していたのであり** 인지하고 있었고 / **「于山島(うざんとう)」こそ** 우산도야 말로 / **しかし** 그러나 / **新羅(しらぎ)に帰属(きぞく)したとの記述(きじゅつ)はあるが** 신라에 귀속했었다는 기술은 있지만 **「于山島(うざんとう)」に関(かん)する記述(きじゅつ)はない** 우산도에 관한 기술은 없다 / **また** 또 / **他(た)の古文献中(こぶんけんちゅう)にある** 다른 고문헌 중에 있는 / **その島(しま)には多数(たすう)の人々(ひとびと)が住(す)み** 그 섬에는 다수의 사람이 살고 / **大(おお)きな竹(たけ)を産(さん)する等(など)** 큰 대나무를 생산하는 등 / **竹島(たけしま)の実状(じつじょう)に見合(みあ)わないものがあり** 독도의 실상과 맞지 않는 것이 있어 / **むしろ** 오히려 / **鬱陵島(うつりょうとう)を想起(そうき)させるものとなっている** 울릉도를 연상시키는 것으로 되어 있다

<문제**1**> 다음을 **OX**로 답하세요

1) 日本は、韓国が古くから竹島を認識していたと主張している。
( )

2)『世宗実録地理誌』は、 韓国側の古文献である。 ( )

3) 日本は、「于山島」こそ、現在の竹島であると主張している。
( )

4) 日本は、『三国史記』には「于山島」に関する記述はないと主張している。 ( )

5) 于山国は鬱陵島だった。 ( )

<문제**2**> 각각의 한자를 바르게 읽은 것을 고르세요

<問題>
1. もんたい 2. もんだい 3. むんたい 4. むんだい

<文献>
1. ふんけん 2. ふんげん 3. ぶんけん 4. ぶんげん

<各種>
1. かくしゅ 2. かくしゅう 3. がくしゅ 4. がくしゅう

<知識>
1. じしき 2. じしょく 3. ちしき 4. ちしょく

<命名>
1. めうめう 2. めいめい 3. めめ 4. めめい

<문제**3**> 다음 문장을 읽고 대답하세요

その「（　①　）」こそ、現在の竹島であると主張している。しかし、『三国史記』には、（　②　）であった鬱陵島が512年に新羅に帰属したとの記述はあるが、「于山島」に関する記述はない。

1. ①에 들어갈 알맞은 단어를 쓰세요.

2. ②에 들어갈 알맞은 단어를 쓰세요.

<문제**4**> 다음을 **OX**로 답하세요

1) 好きにこそ行きたい。（　　）

2) 彼こそこの会社にふさわしい人だ。（　　）

7.3 울릉도와 우산도

なお、『新増東国輿地勝覧』に添付された地図には、鬱陵島と「于山島」が別個の2つの島として描かれているが、もし、韓国側が主張するように「于山島」が竹島を示すのであれば、この島は、鬱陵島の東方に、鬱陵島よりもはるかに小さな島として描かれるはずである。しかし、この地図における「于山島」は、鬱陵島とほぼ同じ大きさで描かれ、さらには朝鮮半島と鬱陵島の間(鬱陵島の西側)に位置している等、全く実在しない島であることがわかる。

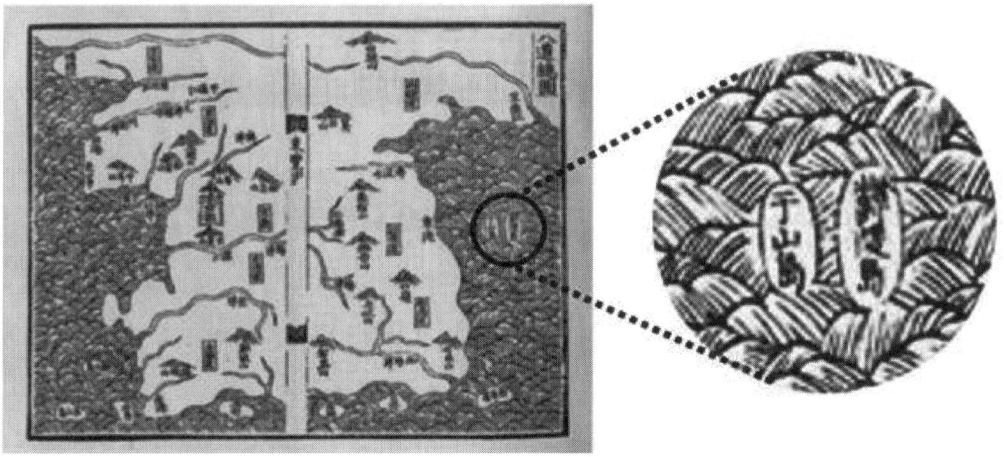

신증동국여지승람 팔도총도

문형 & 표현

はず ~일 것/~할 터/~할 예정

객관적인 이유가 있어 당연히 그렇게 될 것임을 나타낼 때 쓰인다.

접속

동사 보통형
イ형용사
ナ형용사어간+な
명사+の
] + はず

· 電車(でんしゃ)はすぐ来(く)るはずです。

· パーティーをするから、うるさいはずです。

· 来月(らいげつ)は暇(ひま)なはずです。

· キッチンの電気(でんき)はこのスイッチのはずです。

	기본형	긍정형	부정형
동사	行(い)く	行(い)くはず	行(い)かないはず
イ형용사	さむい	さむいはず	さむくないはず
ナ형용사	きらいだ	きらいなはず	きらいではないはず
명사	日本人(にほんじん)	日本人(にほんじん)のはず	日本人(にほんじん)ではないはず

중요어휘

なお 또 / **添付された** 첨부된 / **別個の** 별개의 / **描かれているが** 그려져 있는데 / **竹島を示すのであれば** 다케시마를 나타내는 것이라면 / **鬱陵島よりもはるかに小さな島として** 울릉도보다도 훨씬 작은 섬으로 / **描かれるはずである** 그려질 것이다 / **この地図における** 이 지도에 있어서의 **鬱陵島とほぼ同じ大きさで描かれ** 울릉도와 거의 같은 크기로 그려지고 / **さらには** 더욱이 **朝鮮半島と鬱陵島の間(鬱陵島の西側)に位置している等** 조선 반도와 울릉도(울릉도 서측)에 위치해 있는 등 / **全く実在しない島であることがわかる** 전혀 실재하지 않는 섬인 것을 알 수 있다

<문제**1**> 다음을 **OX**로 답하세요

1) 鬱陵島と「于山島」が別個の2つの島として描かれているのは『新増東国輿地勝覧』である。（　　）

2) 韓国側は「于山島」が竹島だと主張している。（　　）

3) 竹島は、鬱陵島の東方にある。（　　）

4) 鬱陵島よりもはるかに小さな島として描かれるはずの島は竹島である。（　　）

5) 日本は、「于山島」は全く実在しない島であると主張している。（　　）

<문제**2**> 각각의 한자를 바르게 읽은 것을 고르세요

＜添付＞

1. せんぶ　2. せんぷ　3. てんぶ　4. てんぷ

<別個>

1. べこ　2. べっこ　3. べご　4. べっご

<位置>

1. いじ　2. いいち　3. いち　4. えち

<半島>

1. はんと　2. はんとう　3. ばんと　4. ばんとう

<実在>

1. しつざい　2. じっさい　3. じつざい　4. しっさい

<문제3> 다음 문장을 읽고 대답하세요

もし、韓国側(かんこくがわ)が主張(しゅちょう)するように「（ ① ）」が（ ② ）を示(しめ)すのであれば、この島(しま)は、鬱陵島(うつりょうとう)の東方(とうほう)に、鬱陵島(うつりょうとう)よりもはるかに小(ち)さな島(しま)として描(えが)かれるはずである。

1. ①에 들어갈 알맞은 단어를 쓰세요.

2. ②에 들어갈 알맞은 단어를 쓰세요.

<문제4> 다음을 OX로 답하세요

1) 今(いま)は暇(ひま)だはずです。（　　）

2) 彼女(かのじょ)はダイエットはずです。（　　）

이 과에서 알게 된 것을 자신의 생각과 함께 정리하세요

8과

한국 문헌에 보이는 독도-한국 자료

8.1 세종실록지리지 (世宗實錄地理志) /1432년

この資料は、朝鮮王朝が鬱陵島と独島に対する領有の意志を示すものとして、非常に注目される。『世宗実録地理志』は、于山と武陵の2つの島が蔚珍県の正東の海に位置していると記録している。両島は遠く離れておらず、晴れた日は眺めることができる。太祖の時、浮浪者がその島に多く逃げ込んだので、太祖は人を派遣し、浮浪者を追い出したので、その地は空き地になった。これは朝鮮王朝が15世紀初めから、鬱陵島と独島を朝鮮の領土として管理していたことを示す資料である。

문형 & 표현

として～로서

입장이나 자격 등을 분명하게 나타낼 때 쓰이는 표현이다

접속

명사＋として

· **彼女は歌手として有名だ。**

· **今年から、エンジニアとして働くことになった。**

중요어휘

鬱陵島と独島に対する領有の意志を示すものとして 울릉도와 독도에 대한 영유 의지를 나타내는 것으로서 **非常に注目される** 대단히 주목된다 / **于山と武陵の2つの島** 우산과 무릉 두 개의 섬 **位置していると記録している** 위치하고 있다고 기록하고 있다 / **両島は遠く離れておらず** 양 섬은 멀리 떨어져 있지 않아 / **晴れた日は眺めることができる** 맑은 날은 볼 수가 있다 **浮浪者がその島に多く逃げ込んだので** 부랑자가 그 섬에 다수 도망갔기 때문에 / **人を派遣し** 사람을 파견하여 / **浮浪者を追い出したので** 부랑자를 내쫓았기 때문에 / **その地は空き地になった** 그 섬은 비게 되었다 / **朝鮮の領土として管理していたことを示す資料である** 조선의 영토로서 관리되고 있었던 것을 나타내는 자료이다

<문제**1**> 다음을 **OX**로 답하세요

1) 鬱陵島と独島に対する領有の意志を示すものとして、非常に注目される資料は『世宗実録地理志』である。（　　）

2) 蔚珍県の正東の海に位置しているのは于山と武陵の2つの島である。（　　）

3) 両島は遠く離れていて、晴れた日は眺めることができない。（　　）

4) 島から浮浪者を追い出したのは太祖の時である。（　　）

5) 鬱陵島と独島は朝鮮の領土として管理していた。（　　）

<문제**2**> 각각의 한자를 바르게 읽은 것을 고르세요

＜資料＞

1. しりょ　2. しりょう　3. しろ　4. しろう

＜意思＞

1. いし　2. いしい　3. いじ　4. いじい

＜注目＞

1. じゅもく　2. じゅうもく　3. ちゅもく　4. ちゅうもく

＜派遣＞

1. はけん　2. はげん　3. ばけん　4. ほけん

＜世紀＞

1. せいき　2. せき　3. せいぎ　4. ぜき

<문제3> 다음 문장을 읽고 대답하세요

（ ① ）は人を派遣し、浮浪者を追い出したので、その地は空き地になった。これは朝鮮王朝が（ ② ）世紀初めから、鬱陵島と独島を朝鮮の領土として管理していたことを示す資料である。

1. ①에 들어갈 알맞은 단어를 쓰세요.

2. ②에 들어갈 알맞은 단어를 쓰세요.

<문제4> 다음을 **OX**로 답하세요

1) 東京タワーは観光地として有名だ。（　　）

2) オリンピック選手として選ばれた。（　　）

8.2 신동국여지승람 (新東國與地勝覧) /1531년

江原道蔚珍県条には「武陵と羽陵の二つの島が蔚珍県正東の海の真ん中にある」と記されている。3つの峰がまっすぐにそびえ、天に届いたが、南の峰はやや低い。風と天気が晴れれば、峰の頭の樹木と山の下の砂浜をはっきりと見ることができ、追い風なら2日で行ける。一説には、于山・鬱陵はもともと一つの島で、広さが百里だという。

成宗2年、三峰島があると知らせる者がいたので、朴宗元を送り、調べさせたが、風浪のため船を着けることができず、帰ってきた。一緒に行った他の船が鬱陵島に停泊し、大きな竹とフグを持ち帰り、「島の中に住んでいる人はいない」と伝えた。

朝鮮時代は空島政策が行われたが、独島を朝鮮の固有の領土と認識していたことは明らかである。

문형 & 표현

行ける 갈 수 있다

行く의 가능 동사이다. 가능동사는 「~할 수 있다」 라는 뜻을 나타낸다. 1그룹 동사의 가능동사는 어미를 え단으로 바꾸어 る를 붙인다. 1그룹동사는 가능동사로 바뀌면 2그룹 동사가 된다. 가능동사에는 명령형이 없다.

· **読む → 読める。**

· **飛ぶ → 飛べる。**

중요어휘

武陵と羽陵の二つの島が 무릉과 우릉 두 섬이 / **海の真ん中にある** 바다 한가운데에 있다. **と記されている** 라고 기록되어 있다 / **峰がまっすぐにそびえ** 봉우리가 곧게 솟아 / **天に届いたが** 하늘에 닿았는데 / **南の峰はやや低い** 남쪽 봉우리는 조금 낮다 / **風と天気が晴れれば** 바람과 날씨가 청명하면 / **峰の頂の樹木と山の下の砂浜を** 봉우리 꼭대기의 수목과 산 밑의 모래사장을 **はっきりと見ることができ** 뚜렷하게 볼 수가 있고 / **追い風なら2日で行ける** 순풍이면 이틀에 갈 수가 있다 / **于山·鬱陵はもともと一つの島で** 우산 우릉은 원래 하나의 섬으로 / **広さが百里だという** 넓이가 백리라고 한다 / **三峰島があると知らせる者がいたので** 삼봉도가 있다고 알리는 자가 있어 **調べさせたが** 조사하게 했는데 / **風浪のため船を着けることができず** 풍랑 때문에 배를 대지 못하고 **停泊し**정박하고 / **フグを持ち帰り** 복어를 가지고 돌아와 / **空島政策** 공도정책 /외부 세력으로부터 섬을 보호할 힘이 없을 때 섬을 비워서 변방 주민을 보호하는 정책 / **認識していたことは明らかである** 인식하고 있었던 것은 분명하다

<문제**1**> 다음을 **OX**로 답하세요

1)「武陵と羽陵の二つの島が蔚珍県正東の海の真ん中にある」と記されているのは、江原道蔚珍県条である。（　　）

2) 于山・鬱陵はもともと二つの島で、広さが百里だという。（　　）

3) 世宗2年、三峰島があると知らせる者がいた。（　　）

4) 一緒に行った他の船が停泊したのは三峰島だった。（　　）

5) 鬱陵島には人が住んでいなかった。（　　）

<문제**2**> 각각의 한자를 바르게 읽은 것을 고르세요

<天気>

1. てんき　2. てんぎ　3. でんき　4. でんぎ

<樹木>

1. しゅうもく　2. しゅもく　3. じゅうもく　4. じゅもく

<砂浜>

1. すはま　2. すばま　3. すなはま　4. すなばま

<風浪>

1. ふうろう　2. ふろ　3. ふろう　4. ふりょう

<認識>

1. いしき　2. いんしき　3. にしき　4. にんしき

<**문제3**> 다음 문장을 읽고 대답하세요

江原(こうげん)道蔚珍県条(どウルチンけんじょう)には「武陵(ぶりょう)と羽陵(うりょう)の（　①　）の島(しま)が蔚珍県正東(ウルチンけんしょうとう)の海(うみ)の真(ま)ん中(なか)にある」と記(しる)されている。（　②　）の峰(みね)がまっすぐにそびえ、天(てん)に届(とど)いたが、南(みなみ)の峰(みね)はやや低い。

1. ①에 들어갈 알맞은 단어를 쓰세요.

2. ②에 들어갈 알맞은 단어를 쓰세요.

<**문제4**> 다음을 가능동사로 고치세요

書(か)く　→

飛(と)ぶ →

言(い)う　→

なる　→

作(つく)る　→

8.3 증보문헌비고 여지고 (増補文献備考 輿地考) /1770년

この本は、韓国の上古から朝鮮時代までの文物制度を分類·整理したもので、略称『文献備考』ともいう。

最初の編纂は1770年(英祖46年)である。本書の輿地志には、「鬱陵、于山がすべて于山国の地であるが、于山島は倭のいう、松島である」と記されている。本資料は「于山=松島」であることを簡潔かつ明確に記している。

これは、私たちが1770年以前に、すでに独島について、具体的な認識をもっていたことを明らかにしている。

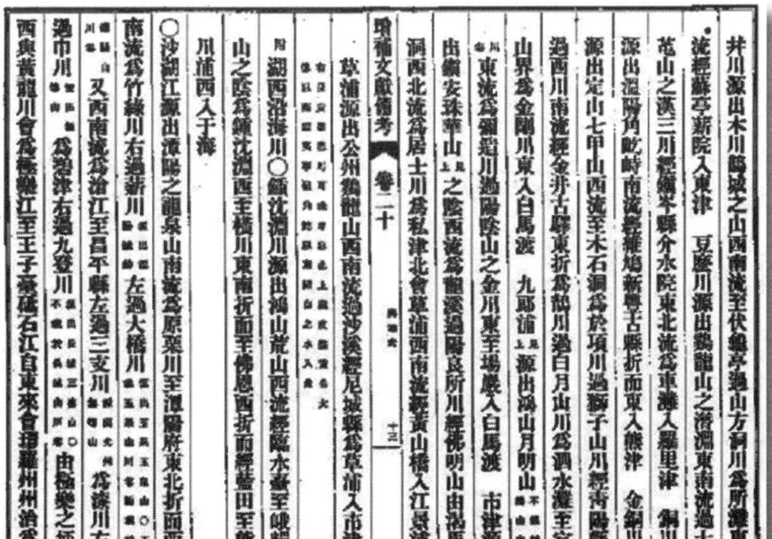
井川源出木川縣城之山西南流至伏龜亭過山方洞川爲所灘東
流經蘇亭新院入東津　豆磨川源出鷄龍山之滑淵東南流過大
芚山之溪三川經鎭岑縣介水院東北流爲東津入羅里津　銅川
源出溫陽角屹峙南流經雉鳩新豐古縣折而東入熊津　金剛川
源出定山七甲山西流至木石洞爲於項川過獅子山川經靑陽縣
過西川南流經金井古驛東折爲松川過白月山川爲酒水灘至定
山界爲金剛川東入白馬渡　九耶浦源出烏山月明山
東流爲彌瑟川過陽德山之金川東至場巖入白馬渡　市津浦源
出鎭安珠華山之陰西流爲龍溪過陽良所川經佛明山由恩馬
洞西北流爲居士川爲私津北會草浦西南流經黃山橋入江景浦
增補文獻備考 卷二十 輿地考 十三
草浦源出公州鷄龍山西南流過沙溪經尼城縣爲草浦入市津
附 湖西沿海川○鎭岑湖川源出鷄山荒山西流經臨水壽至眼端
山之陰爲鎭岑湖西至槿川東南折而至佛恩西折而經藍田至舒
川浦西入于海
○沙湖江源出潭陽之龍泉山南流爲原栗川至潭陽府東北折而西
南流爲竹綠川右過新川左過大橋川
又西南流爲治江至昌平縣左過三支川爲赤川左
過市川爲湧津右過九登川由極樂之坪
西與黃龍川合爲極樂江至王子亭爲石江自東來會至羅州州治爲

증보문헌비고 여지고

문형 & 표현

かつ 또한/게다가

이 과에서는 접속사로 쓰였다. 어떤 사항에 다른 사항이 덧붙여지는 것을 나타낸다.

· **スマホゲームは時間の無駄だし、かつ健康によくない。**

· **講演はおもしろくかつ有意義だった。**

중요어휘

上古から 상고로부터 / **文物制度を** 문물제도를 / **分類・整理したもので** 분류・정리한 것으로 **略称** 약칭 / **最初の編纂は** 최초의 편찬은 / **本書の輿地志には** 본서의 여지지에는 / **すべて** 모두 **于山国の地であるが** 우산국 땅인데 / **倭のいう** 왜가 말하는 / **記されている** 기록되어 있다 **簡潔かつ明確に記している** 간결하고 명확하게 기록하고 있다 / **私たちが** 우리들이 / **すでに** 이미 **具体的な認識をもっていたことを明らかにしている** 구체적인 인식을 가지고 있었던 것을 밝히고 있다.

<문제1> 다음을 OX로 답하세요

1) 韓国の上古から朝鮮時代までの文物制度を分類· 整理した本は『増補文獻備考 輿地考』である。（　　）

2)『増補文獻備考 輿地考』の略称は『文献備考』である。（　　）

3) 最初の編纂は成宗46年である。（　　）

4)『文献備考』輿地志には、「于山島は倭のいう、松島である」と記されている。（　　）

5) 韓国は1770年以前に、独島について、具体的な認識をもっていた。（　　）

<문제2> 각각의 한자를 바르게 읽은 것을 고르세요

<上古>
1. じょうこ　2. じょうこう　3. じょこ　4. じょこう

<文物>
1. ふんぶつ　2. ぶんふつ　3. ぶんぶつ　4. ぶんもつ

<分類>
1. ふんるい　2. ふんる　3. ぶんる　4. ぶんるい

<略称>
1. りゃくそ　2. りゃくそう　3. りゃくしょ　4. りゃくしょう

<明確>
1. めいかく　2. めかく　3. めいがく　4. めがく

<문제**3**> 다음 문장을 읽고 대답하세요

この本(ほん)は、韓国(かんこく)の上古(じょうこ)から（ ① ）までの文物制度(ぶんぶつせいど)を分類(ぶんるい)·整理(せいり)したもので、略称(りゃくしょう)（ ② ）ともいう。

1. ①에 들어갈 알맞은 단어를 쓰세요.

2. ②에 들어갈 알맞은 단어를 쓰세요.

<문제**4**> 다음을 **OX**로 답하세요

1) **昨日(きのう)は酒(さけ)をかつ飲(の)みました。**（　　）

2) **チームの勝利(しょうり)を望(のぞ)みかつです。**（　　）

이 과에서 알게 된 것을 자신의 생각과 함께 정리하세요

9과

다케시마는 일본 땅-일본 자료

9.1 다케시마의 영유

1618年、鳥取藩伯耆国米子の町人大谷甚吉、村川市兵衛は、同藩主を通じて幕府から鬱陵島(当時の日本名「竹島」)への渡海免許を受けた。これ以降、両家は交替で毎年1回鬱陵島に渡海し、あわびの採取、あしかの捕獲、樹木の伐採等に従事した。

両家は、将軍家の葵の紋を打ち出した船印をたてて鬱陵島で漁猟に従事し、採取したあわびは将軍家等に献上するのを常とし、いわば同島の独占的経営を幕府公認で行っていた。

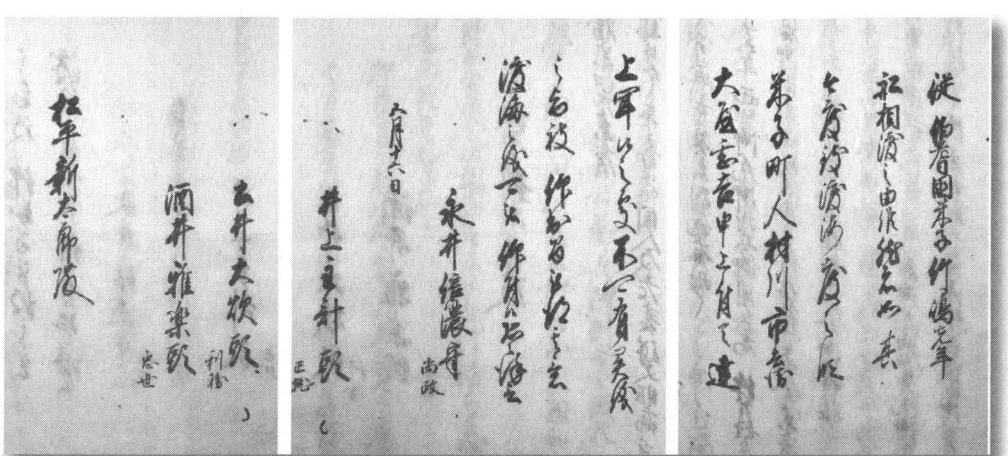

오오야와 무라카와의 도해 면허

문형 & 표현

いわば 말하자면/비유해서 말하자면

예를 들거나 극단적으로 결론을 말할 때 쓰인다.

· 彼女(かのじょ)はいわば女王(じょおう)のような存在(そんざい)だ。

· 顔(かお)はいわば心(こころ)の窓(まど)です。

· いわば世(よ)の中(なか)の9割(わり)は運命(うんめい)で決(き)まる。

중요어휘

鳥取藩伯耆国米子の町人 돗토리번 호키국 요나고의 상인 / **同藩主を通じて** 동 번주를 통하여 **幕府から** 막부로부터 / **渡海免許を受けた** 도해 면허를 받았다 / **これ以降** 이 이후 / **両家は** 양가는 **交替で** 교대로 / **あわびの採取** 전복채취 / **あしかの捕獲** 강치포획 / **樹木の伐採等に従事した** 수목 벌채 등에 종사했다 / **将軍家** 장군가 / **葵の紋** 접시꽃 문양 / **打ち出した** 내세운 **船印をたてて** 선박 표시를 달고 / **漁猟に従事し** 어업에 종사하고 / **採取したあわびについては** 채취한 전복에 대해서는 / **献上するのを常とし** 헌상하는 것을 일상으로 하고 / **いわば** 말하자면 **独占的経営を** 독점적 경영을 / **幕府公認で行っていた** 막부 공인으로 행하고 있었다

<문제**1**> 다음을 **OX**로 답하세요

1) 鬱陵島への渡海免許を受けたのは大谷甚吉と村川市兵衛だった。（　　）

2) 両家は毎年一緒に、あわびの採取、あしかの捕獲、樹木の伐採等を行った。（　　）

3) 将軍家の葵の紋を打ち出した船印をたてなかった。（　　）

4) 採取したあわびは将軍家等に献上することはなかった。（　　）

5) 両家は、独占的経営を幕府公認で行っていた。（　　）

<문제**2**> 각각의 한자를 바르게 읽은 것을 고르세요

＜幕府＞

1. まくふ　2. まくふう　3. ばくふ　4. ばくふう

＜当時＞

1. とうじ　2. とじ　3. どうじ　4. どじ

＜免許＞

1. めんきょ　2. めんきょう　3. べんきょ　4. べんきょう

＜採取＞

1. さいしゅ　2. さいしゅう　3. さえしゅ　4. さえしゅう

＜樹木＞

1. しゅもく　2. しゅうもく　3. じゅうもく　4. じゅもく

<문제3> 다음 문장을 읽고 대답하세요

両家は、将軍家の葵の紋を打ち出した船印をたてて鬱陵島で（　①　）に従事し、採取した（　②　）は将軍家等に献上するのを常とし、いわば同島の独占的経営を幕府公認で行っていた。

1. ①에 들어갈 알맞은 단어를 쓰세요.

2. ②에 들어갈 알맞은 단어를 쓰세요.

<문제4> 다음을 OX로 답하세요

1) この本は、いわばおいしいです。（　　）

2) 彼は、いわば業界の救世主だ。（　　）

9.2 다케시마의 영유권 확립

この間、隠岐から鬱陵島への道筋にある竹島は、航行の目標として、途中の船がかり(停泊地)として、また、あしかやあわびの漁獲の好地として自然に利用されるようになった。

こうして、我が国は、遅くとも江戸時代初期にあたる17世紀半ばには、竹島の領有権を確立した。

なお、当時、幕府が鬱陵島や竹島を外国領であると認識していたのであれば、鎖国令を発して日本人の海外への渡航を禁止した1635年には、これらの島に対する渡海を禁じていたはずだが、そのような措置はなされなかった。

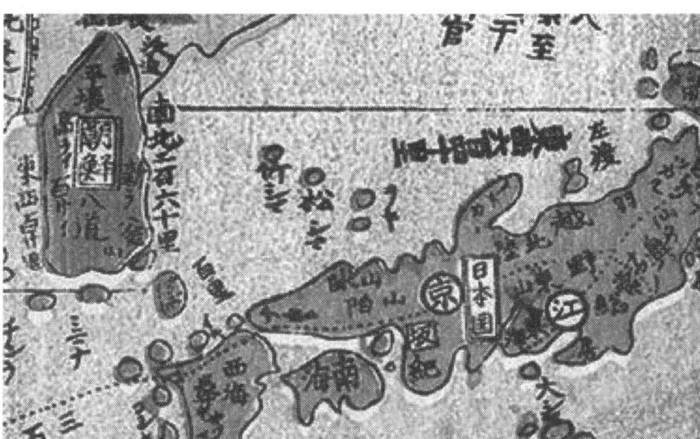

1779년의 『改正日本輿地路程』 울릉도가 '다케시마', 독도가 '마츠시마'로 되어 있다

문형 & 표현

なお 또한

접속사이다. 앞말에 덧붙여 말할 때 쓰인다.

- なお、この製品(せいひん)は色(いろ)もきれいです。
- なお、オプションサービスもあります。

중요어휘

この間(あいだ) 이 사이에 / **道筋(みちすじ)にある** 가는 길에 있는 / **航行(こうこう)の目標(もくひょう)として** 항행목표로 / **途中(とちゅう)の船(ふな)がかり(停泊地(ていはくち))として** 도중의 정박지로서 / **あしかやあわびの漁獲(ぎょかく)の好地(こうち)として** 강치나 전복의 좋은 어획처로 / **自然(しぜん)に利用(りよう)されるようになった** 자연스럽게 이용되게 되었다 / **こうして** 이렇게 하여 **我(わ)が国(くに)は** 우리나라는 / **遅(おそ)くとも** 늦어도 / **江戸時代初期(えどじだいしょき)にあたる** 에도시대 초기에 해당하는 **17世紀半(せいきなか)ばには** 17세기 중엽에는 / **領有権(りょうゆうけん)を確立(かくりつ)した** 영유권을 확립했다 / **外国領(がいこくりょう)であると認識(にんしき)していたのであれば** 외국령이라고 인식하고 있었다면 / **鎖国令(さこくれい)を発(はっ)して** 쇄국령을 내려서 **日本人(にほんじん)の海外(かいがい)への渡航(とこう)を禁止(きんし)した** 일본인의 해외 도항을 금지한 / **これらの島(しま)に対(たい)する渡海(とかい)を禁(きん)じていたはずだが** 이들 섬에 대한 도해를 금지하고 있었을 터이지만 / **措置(そち)はなされなかった** 조치는 내리지 않았다

<문제**1**> 다음을 **OX**로 답하세요

1) 竹島は、航行の目標だった。（　　）

2) あしかやあわびの漁獲の好地として自然に利用されるようになったのは隠岐だった。（　　）

3) 韓国は、遅くとも江戸時代初期には、竹島の領有権を確立した。（　　）

4) 当時、幕府は鬱陵島や竹島を外国領であると認識していた。（　　）

5) 鎖国令を発して日本人の海外への渡航を禁止したのは1635年である。（　　）

<문제**2**> 각각의 한자를 바르게 읽은 것을 고르세요

＜道筋＞
1. みしすし　2. みじすし　3. みちすし　4. みちすじ

＜初期＞
1. しょうき　2. しょうこ　3. しょき　4. しょぎ

＜利用＞
1. いよ　2. いよう　3. りよ　4. りよう

＜海外＞
1. かいかい　2. かいがい　3. がいかい　4. がいがい

＜措置＞
1. そうち　2. そうじ　3. そち　4. そじ

<문제**3**> 다음 문장을 읽고 대답하세요

この間、隠岐から（　①　）への道筋にある竹島は、航行の目標として、途中の船がかり(停泊地)として、また、（　②　）やあわびの漁獲の好地として自然に利用されるようになった。

1. ①에 들어갈 알맞은 단어를 쓰세요.

2. ②에 들어갈 알맞은 단어를 쓰세요.

<문제**4**> 다음을 **OX**로 답하세요

1) なお、ここは公園ですか。（　　）

2) なお、新しい機能もあります。（　　）

9.3 돌섬과 독도

韓国では、1900年の「大韓帝国勅令41号」により、鬱陵島を鬱島と改称するとともに島監を郡守としたとされている。この勅令の中で、鬱島郡が管轄する地域を「欝陵全島と竹島石島」と規定しており、この「竹島」は鬱陵島の近傍にある「竹嶼」という小島であるものの、「石島」はまさに現在の「独島」を指すと指摘する研究者もいる。その理由は、「いし(トル)」は韓国の方言で「トク」とも発音され、これを発音どおりに漢字に直せば「独島」につながるためというものである。

しかし、「石島」が今日の竹島(「独島」)であるならば、なぜ勅令で「独島」が使われなかったのか、なぜ「石島」という島名が使われたのか、また、そもそも、なぜ韓国側が竹島の旧名称であると主張する「于山島」等の名称が使われなかったのかという疑問が生じる。

문형 & 표현

ものの ~지만

앞 문장에서 예상하거나 기대하고 있던 일이 뒤 문장에서 그렇게 되지 못했을 때 쓰인다.

접속

동사보통형
イ형용사보통형
ナ형용사な / **어간**である / **어간**だった
명사である / だった
+ **ものの**

· 予約したものの、行くかどうか分かりません。

· 給料は安いものの、環境がいいので満足しています。

· この公園は静かなものの、人が多い。

· 学生であるものの、遊びばかりしている。

중요어휘

「大韓帝国勅令41号」により 대한제국칙령 41호에 의해 / **鬱陵島を鬱島と改称するとともに** 울릉도를 울도로 개칭함과 동시에 / **島監を郡守としたとされている** 도감을 군수로 삼았다고 되어 있다 / **管轄する地域を** 관할하는 지역을 / **規定しており** 규정하고 있어 / **鬱陵島の近傍にある** 울릉도의 근방에 있는 / **「竹嶼」という小島であるものの** 죽서라고 하는 작은 섬이지만 / **まさに** 바로 / **現在の「独島」を指すと** 현재의 독도를 가리키는 것이라고 / **指摘する研究者もいる** 지적하는 연구자도 있다 / **韓国の方言で** 한국의 방언으로 / **「トク」とも発音され** 독도라고도 발음되고 / **これを発音どおりに漢字に直せば** 이것을 발음대로 한자로 고치면

「独島」につながるためというものである 독도로 연결되기 때문이라는 것이다 / **今日の竹島(「独島」)であるならば** 오늘날의 독도라면 / **なぜ** 어째서 / **「独島」が使われなかったのか** 독도가 사용되지 않았던 것인지 / **「石島」という島名が使われたのか** 석도라고 하는 도명이 사용되었는지 / **また、そもそも** 또 애당초 / **旧名称であると主張する** 구 명칭이라고 주장하는 / **名称が使われなかったのかという疑問が生じる** 명칭이 사용되지 않았는가 하는 의문이 생긴다

<문제**1**> 다음을 **OX**로 답하세요

1) 韓国は、「大韓帝国勅令41号」により、鬱陵島を鬱島と改称した。
( )

2) 鬱島郡が管轄する地域を「欝陵全島と竹島石島」と規定したのは日本だった。 ( )

3) 勅令では「独島」が使われなかった。 ( )

4) 日本は、「石島」という島名が使われたことに疑問を持っている。
( )

5) 竹島の旧名称は「于山島」である。 ( )

<문제**2**> 각각의 한자를 바르게 읽은 것을 고르세요

<改称>

1. かいしょ 2. かいしょう 3. かいそ 4. かいそう

<郡守>

1. くんしゅ 2. くんしゅう 3. ぐんしゅ 4. ぐんしゅう

<規定>

1. きてい　2. きゅてい　3. ぎてい　4. ぎゅてい

<現在>

1. けんざい　2. けんさい　3. げんさい　4. げんざい

<疑問>

1. きみん　2. きもん　3. ぎみん　4. ぎもん

<문제**3**> 다음 문장을 읽고 대답하세요

「いし(トル)」は韓国(かんこく)の方言(ほうげん)で「（　①　）」とも発音(はつおん)され、これを発音(はつおん)どおりに漢字(かんじ)に直(なお)せば「独島(トクト)（　②　）」につながるためというものである。

1. ①에 들어갈 알맞은 단어를 쓰세요.

2. ②에 들어갈 알맞은 단어를 쓰세요.

<문제**4**> 다음을 **OX**로 답하세요

1) 学生(がくせい)なものの、お金(かね)がたくさんあります。（　　）

2) 赤(あか)いものの、おいしくありません。（　　）

이 과에서 알게 된 것을 자신의 생각과 함께 정리하세요

10과

독도는 한국 땅-한국 자료

10.1 조선사연구회 논문집

独島領有権に関するもう一つ重要な資料は、1987年に日本で発見された太政官指令である。堀和生京都大学教授は、『朝鮮史研究会論文集』第24号に掲載された、「1905年、日本の竹島領土編入」という論文で、1877年、日本の最高国家機関の太政官が「鬱陵島と独島はわが国とは関係がない」と判定した事実を紹介した。

太政官指令は、日本が領土に関する地籍を編纂する過程で作られた。当時はまだ、韓国との独島紛争が発生するずっと前だったため、外交的考慮はまったくなく、行政的な観点で行われた。このような事実は、この資料の客観性と歴史的価値を裏付けている。

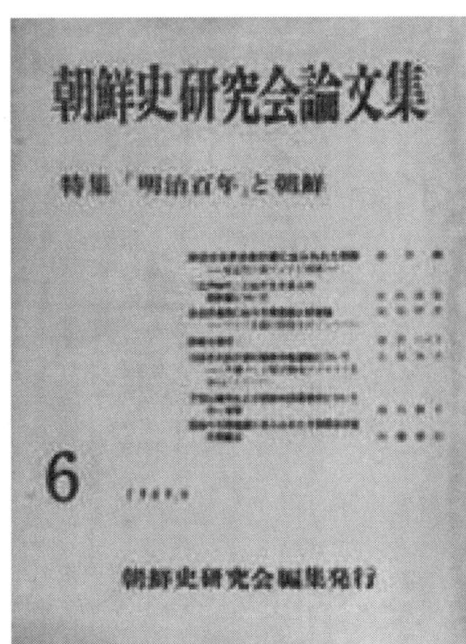

조선사연구회논문집

문형 & 표현

ずっと ~훨씬/쭉

다른 것과는 동떨어져 있거나 같은 상황이 계속되는 상태를 나타낸다.

- **このほうがずっと大きい。**
- **夏休みはずっと家にいた。**

중요어휘

独島領有権に関するもう一つ重要な資料は 독도 영유권에 관한 또 하나의 중요한 자료는 / **太政官指令** 태정관지령. 태정관은 메이지 전기의 최고 관청 / **堀和生** 호리가즈오/인명 / **掲載された** 게재된 / **最高国家機関の太政官が** 최고국가기관인 태정관이 / **関係がないと判定した事実を紹介した** 관계가 없다고 판정한 사실을 소개했다 / **地籍を編纂する過程で作られた** 지적을 편찬하는 과정에서 만들어졌다 / **独島紛争** 독도분쟁 / **発生するずっと前だったため** 발생하기 훨씬 전이었기 때문에 / **外交的考慮はまったくなく** 외교적 고려는 전혀 없이 / **行政的な観点で行われた** 행정적인 관점에서 행해졌다 / **このような事実は** 이러한 사실은 / **客観性と歴史的価値を裏付けている** 객관성과 역사적 가치를 뒷받침하고 있다

<문제**1**> 다음을 **OX**로 답하세요

1) 太政官指令は韓国で発見された。（　　）

2) 太政官は「鬱陵島と独島はわが国とは関係がない」と判定した。

（　　）

3) 日本が領土に関する地籍を編纂する過程で作られたのは独島である。

（　　）

4) 京都大学教授は太政官指令を紹介した。（　　）

5) 太政官指令は、行政的な観点で行われた。（　　）

<문제**2**> 각각의 한자를 바르게 읽은 것을 고르세요

＜重要＞

1. じゅうよ　2. じゅうよう　3. じゅよ　4. じゅよう

＜教授＞

1. きょうじゅ　2. きょうじゅう　3. きょじゅ　4. きょじゅう

＜掲載＞

1. けいさい　2. けさい　3. けいざい　4. けざい

＜紹介＞

1. しょうかい　2. しょかい　3. しょうがい　4. じょうかい

＜客観性＞

1. きゃくかんせい　2. きゃっかんせい　3. ぎゃくかんせい

4. ぎゃっかんせい

<문제**3**> 다음 문장을 읽고 대답하세요

『朝鮮史研究会論文集』第24号に掲載された、「1905年、日本の竹島領土編入」という論文で、1877年、日本の最高国家機関の（ ① ）が「鬱陵島と独島はわが国とは（ ② ）がない」と判定した事実を紹介した。

1. ①에 들어갈 알맞은 단어를 쓰세요.

2. ②에 들어갈 알맞은 단어를 쓰세요.

<문제**4**> 다음을 **OX**로 답하세요

1) ずっとここで待っていましたか。（　　）

2) ずっとありがとうございます。（　　）

10.2 태정관의 죽도 외 일도에 관한 결정

1876年の秋、日本の地籍を編纂していた内務省は、島根県の沖合にあるという竹島に関する情報を照会した。内務省は、島根県が提出した資料と独自に調査した結果を総合して「竹島」と「外一島」が日本領ではないという判断を下した。しかし、領土問題は重要であるため、結論を出さず、太政官に最終決定を依頼した。太政官審議でも内務省の見解が妥当と認められた。「竹島外一島」については、「我が国と関係がないということを肝に銘ずべし」という太政官指令が内務省と島根県に通達された。

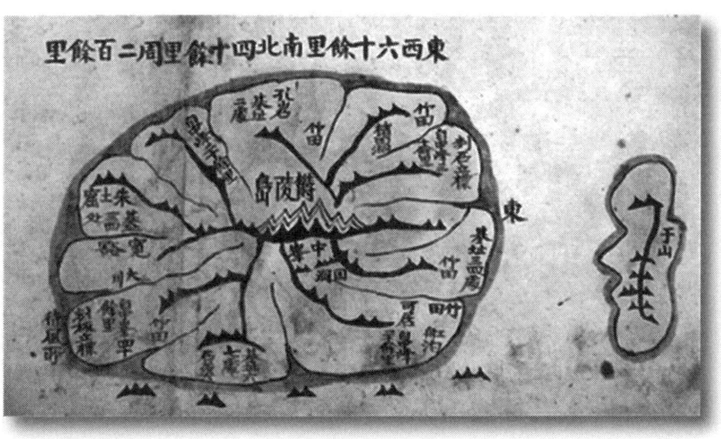

「대동여지도」의 울릉도(1861년) /울릉도 동쪽에 현재의 죽서로 보이는 「우산」이라고 표시된 섬이 인접해 있다

문형 & 표현

という ~라고 하는

という 앞은 어떤 예시이고 という 뒤는 예시의 [대상]이 온다.

접속

동사보통형
イ형용사보통형
ナ형용사보통형
명사
\+ **という**

· **人気(にんき)があるというランチ定食(ていしょく)はどれですか。**

· **これが美味(おい)しいというパンですか。**

· **ここは子供(こども)が好(す)きだという動物園(どうぶつえん)ですか。**

· **私(わたし)はレオという猫(ねこ)を飼(か)っています。**

중요어휘

秋(あき) 가을 / **地籍(ちせき)を編纂(へんさん)していた** 지적을 편찬하고 있던 / **沖合(おきあい)** 먼바다 / **情報(じょうほう)を照会(しょうかい)した** 정보를 조회했다 / **提出(ていしゅつ)した** 제출한 / **独自(どくじ)に** 독자적으로 / **調査(ちょうさ)した結果(けっか)を総合(そうごう)して** 조사한 결과를 종합하여 **判断(はんだん)を下(くだ)した** 판단을 내렸다 / **領土問題(りょうどもんだい)は重要(じゅうよう)であるため** 영토문제는 중요하기 때문에 **外一島(ほかいっとう)** 외 일도 / **結論(けつろん)を出(だ)さず** 결론을 내지 않고 / **最終決定(さいしゅうけってい)を依頼(いらい)した** 최종결정을 의뢰했다 **太政官審議(だいじょうかんしんぎ)でも** 태정관 심의에서도 / **妥当(だとう)と認(みと)められた** 타당하다고 인정되었다 / **竹島外一島(たけしまほかいっとう)について** 다케시마 외 일도에 대해서는 / **肝(きも)に銘(めい)ずべし** 명심해야 한다 / **通達(つうたつ)された** 통지되었다

<문제1> 다음을 **OX**로 답하세요

1) 日本(にほん)の地籍(ちせき)を編纂(へんさん)していたのは内務省(ないむしょう)である。（　　）

2) 内務省(ないむしょう)は「竹島(たけしま)」と「外一島(ほかいっとう)」が日本領(にほんりょう)ではないという判断(はんだん)を下(くだ)した。（　　）

3) 領土問題(りょうどもんだい)は重要(じゅうよう)ではない。（　　）

4) 最終決定(さいしゅうけってい)を依頼(いらい)したのは太政官(だいじょうかん)だった。（　　）

5) 太政官指令(だいじょうかんしれい)は内務省(ないむしょう)と島根県(しまねけん)に通達(つうたつ)された。（　　）

<문제2> 각각의 한자를 바르게 읽은 것을 고르세요

<独自>

1. とくし　2. とくじ　3. どくし　4. どくじ

<審議>

1. しむぎ　2. じむぎ　3. しんぎ　4. じんぎ

<情報>

1. じょうほ　2. じょうほう　3. じょほ　4. じょほう

<最終>

1. さいしゅ　2. さいしゅう　3. さいしょ　4. さいしょう

<依頼>

1. いらい　2. えらい　3. ゆらい　4. よらい

<문제3> 다음 문장을 읽고 대답하세요

しかし、（ ① ）は重要(じゅうよう)であるため、結論(けつろん)を出(だ)さず、（ ② ）に最終決定(さいしゅうけってい)を依頼(いらい)した。

1. ①에 들어갈 알맞은 단어를 쓰세요.

2. ②에 들어갈 알맞은 단어를 쓰세요.

<문제4> 다음을 **OX**로 답하세요

1) **ここはきれいなという公園(こうえん)ですか。**（　　）

2) **南(みなみ)にあるという島(しま)の名前(なまえ)は何(なん)ですか。**（　　）

10.3 기죽도 약도

近代日本政府の最高機関が、「独島は日本の領土ではない」と判定したことは、独島領有権を主張する日本側に不利であった。それで日本の学者たちは、「外一島」には名前が明示されていないため、どの島なのか判断できないと主張した。この主張は、日本人の牧師が2005年5月、鬱陵島と独島が並んで描かれている「磯竹島略図」を発見し、無力化された。地図には「磯竹島略図」という名称があり、磯竹島（鬱陵島）とともに、その東南側に二つの小さな島が描かれ、「松島」という名前が書かれていた。「外一島」が、独島だという事実が明らかになったのである。

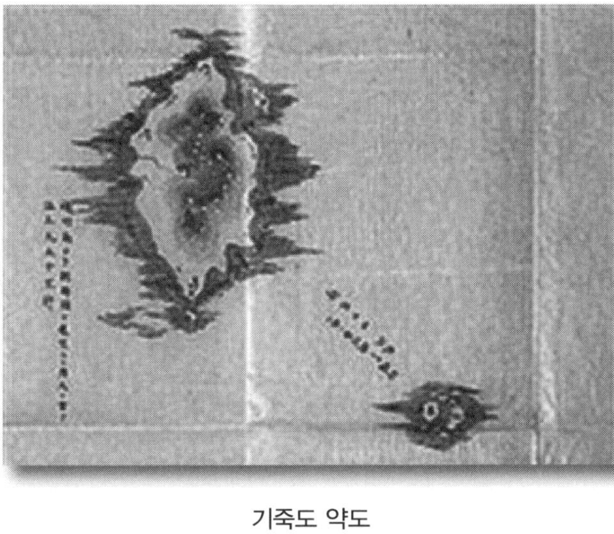

기죽도 약도

문형 & 표현

とともに ～와 함께/～와 동시에

동시에 두 현상이나 상태가 일어날 때 쓰인다.

1) ～와 함께

접속

명사 ＋ とともに

· 小学校(しょうがっこう)の頃(ころ)からペットの猫(ねこ)とともに生(い)きてきた。

· 明日(あした)、上司(じょうし)とともに伺(うか)がいます。

2) ～와 동시에

접속

동사보통형
ナ형용사어간＋である
명사＋である ＋ とともに

· 台風(たいふう)が近(ちか)づくとともに雨(あめ)も強(つよ)くなってきました。

· 便利(べんり)であるとともにやすいです。

· 彼(かれ)は学生(がくせい)であるとともに芸能人(げいのうじん)です。

중요어휘

最高機関 최고기관 / **判定したことは** 판정한 것은 / **独島領有権を主張する** 독도 영유권을 주장하는 / **日本側に不利であった** 일본 측에 불리했다 / **それで** 그래서 / **学者たちは** 학자들은 **明示されていないため** 명시되어있지 않기 때문에 / **どの島なのか** 어느 섬인지 / **判断できないと** 판단할 수 없다고 / **日本人の牧師** 일본인 목사 / **並んで描かれている** 나란히 그려져 있는 **磯竹島略図** 기죽도 약도 / **発見し** 발견하여 / **無力化された** 무력화되었다 / **名称があり** 명칭이 있고 **小さな島が描かれ** 작은 섬이 그려지고 / **名前が書かれていた** 이름이 쓰여 있었다 **独島だという事実が明らかになったのである** 독도라고 하는 사실이 명백하게 된 것이다

<문제**1**> 다음을 **OX**로 답하세요

1) 近代日本政府の最高機関は「独島は日本の領土ではない」と判定した。 (　　)

2) 日本の学者たちは、「外一島」はどの島なのか判断できないと主張した。 (　　)

3) 韓国人の牧師は、「磯竹島略図」を発見した。 (　　)

4) 磯竹島略図には鬱陵島と独島が並んで描かれていた。 (　　)

5) 磯竹島略図によって「外一島」が、独島だという事実が明らかになった。 (　　)

<문제**2**> 각각의 한자를 바르게 읽은 것을 고르세요

＜最高＞

1. さいこ　2. さいこう　3. ざいこ　4. ざいこう

<学者>
1. かくしゃ　2. かくじゃ　3. がくしゃ　4. がくじゃ

<明示>
1. めいし　2. めいじ　3. めしい　4. めじ

<略図>
1. らくす　2. らくず　3. りゃくす　4. りゃくず

<事実>
1. ししつ　2. しじつ　3. じしつ　4. じじつ

<문제3> 다음 문장을 읽고 대답하세요

その東南側(とうなんがわ)に二(ふた)つの小(ちい)さな島(しま)が描(えが)かれ、（ ① ）という名前(なまえ)が書(か)かれていた。「外一島(ほかいっとう)」が、（ ② ）だという事実(じじつ)が明(あき)らかになったのである。

1. ①에 들어갈 알맞은 단어를 쓰세요.

2. ②에 들어갈 알맞은 단어를 쓰세요.

<문제4> 다음을 OX로 답하세요

1) 友(とも)だちであるとともに学校(がっこう)に行(い)きました。（　　　　）

2) 先生(せんせい)とともに科学者(かがくしゃ)です。（　　　　）

이 과에서 알게 된 것을 자신의 생각과 함께 정리하세요

11과

시마네현의 독도편입-일본 자료

11.1 다케시마와 량코섬

今日の竹島において、あしかの捕獲が本格的に行われるようになったのは、1900年代初期のことだった。しかし、間もなくあしか猟は過当競争の状態となったことから、島根県隠岐島民の中井養三郎は、その事業の安定を図るため、1904年9月、内務・外務・農商務三大臣に対して「りやんこ島」の領土編入及び年間の貸し下げを願い出た。「りやんこ島」は、竹島の洋名「リアンクール島」の俗称である。当時、ヨーロッパの探検家の測量誤りなどにより、鬱陵島が「松島」と呼ばれるようになり、現在の竹島は「りやんこ島」と呼ばれるようになっていた。

독도에서의 강치잡이

문형 & 표현

ことから ~가 이유로 /~때문에

원인이나 근거, 이유 등을 나타낸다.

접속

동사보통형	+ ことから
イ**형용사보통형**	
ナ**형용사**な / である / だった	
명사である / だった	

· 彼は何でも知っていることから、「生き字引」と呼ばれている。

· 彼女は顔色が良いことから、病気ではないと思います。

· 彼の音楽は独創的なことから、天才と呼ばれている。

· 先生であることから、うそはつけません。

중요어휘

今日の竹島において 오늘날의 다케시마에 있어서 / **あしかの捕獲が** 강치의 포획이 **本格的に行われるようになったのは** 본격적으로 행해지게 된 것은 / **1900年代初期のことだった** 1900년대 초기의 일이었다 / **間もなく** 머지않아 / **あしか猟** 강치사냥 / **過当競争** 과당경쟁 **状態となったことから** 상태가 되었기 때문에 / **その事業の安定を図るため** 그 사업의 안정을 도모하기 위해 / **内務・外務・農商務三大臣に対して** 내무 · 외무 · 농상무 3대신에 대해 **「りやんこ島」の領土編入及び** 량코섬의 영토편입 및 / **貸し下げを** 대여를 / **願い出た** 출원했다 **洋名** 서양명 / **俗称である** 속칭이다 / **ヨーロッパの探検家の測量誤りなどにより** 유럽 탐험가의 측량 실수 등에 의해 / **呼ばれるようになり** 불리게 되어

<문제1> 다음을 OX로 답하세요

1) あしかの捕獲(ほかく)が本格的(ほんかくてき)に行(おこな)われるようになったのは、1900年代(ねんだい)初期(しょき)のことだった。（　　）

2) 過当競争(かとうきょうそう)の状態(じょうたい)となったのは、あしかの捕獲(ほかく)だった。（　　）

3) 年間(ねんかん)の貸(か)し下(さ)げを願(ねが)い出(で)たのは中井養三郎(なかいようざぶろう)だった。（　　）

4) 竹島(たけしま)の洋名(ようめい)「リアンクール島(とう)」の俗称(ぞくしょう)は「りやんこ島(とう)」である。（　　）

5) ヨーロッパの探検家(たんけんか)の測量誤(そくりょうあやま)りなどにより、鬱陵島(うつりょうとう)が「りやんこ島(とう)」と呼(よ)ばれるようになった。（　　）

<문제2> 각각의 한자를 바르게 읽은 것을 고르세요

＜本格的＞

1. ほんかくてき　2. ほんがくてき　3. ぼんかくてき　4. ぼんがくてき

＜競争＞

1. きょうそ　2. きょうそう　3. きょそ　4. きょそう

＜事業＞

1. じきょう　2. じぎょう　3. じこう　4. じごう

＜安定＞

1. あんて　2. あんてい　3. あんで　4. あんでい

＜測量＞

1. しょくりょ　2. しょくりょう　3. そくりょ　4. そくりょう

<문제3> 다음 문장을 읽고 대답하세요

当時(とうじ)、ヨーロッパの探検家(たんけんか)の測量誤(そくりょうあやま)りなどにより、（　①　）が「松島(まつしま)」と呼(よ)ばれるようになり、現在(げんざい)の（　②　）は「りやんこ島(とう)」と呼(よ)ばれるようになっていた。

1. ①에 들어갈 알맞은 단어를 쓰세요.

2. ②에 들어갈 알맞은 단어를 쓰세요.

<문제4> 다음을 **OX**로 답하세요

1) 簡単(かんたん)ことから、よく売(う)れています。（　　）

2) 学生(がくせい)ことから、毎日勉強(まいにちべんきょう)しています。（　　）

11.2 다케시마 명명

中井の出願を受けた政府は、島根県の意見を聴取の上で、竹島を隠岐島庁の所管として差し支えないこと、「竹島」の名称が適当であることを確認した。これをもって、1905年1月、閣議決定によって同島を「隠岐島司ノ所管」と定めるとともに、「竹島」と命名し、この旨を内務大臣から島根県知事に伝えた。この閣議決定により、我が国は竹島を領有する意思を再確認した。島根県知事は、この閣議決定及び内務大臣の訓令に基づき、1905年2月、竹島が「竹島」と命名され隠岐島司の所管となった旨を告示するとともに、隠岐島庁に対してもこれを伝えた。なお、このことは当時の新聞にも掲載され広く一般に伝えられた。

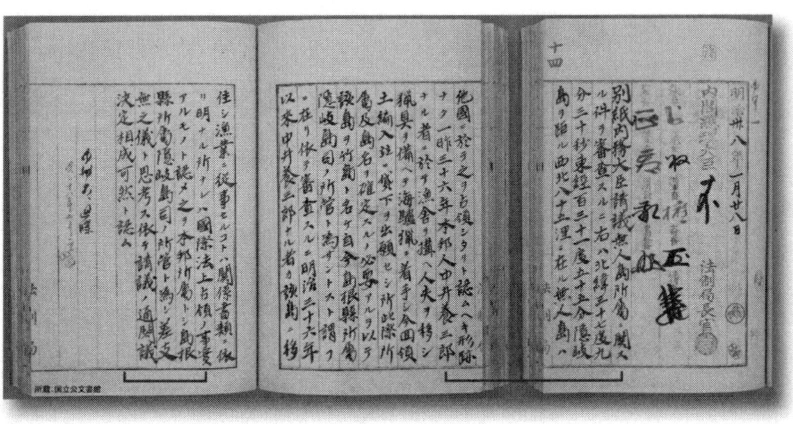

1905년 **1**월 **28**일 각의 결정

문형 & 표현

上で ~한 후에

앞의 일은 뒤의 일이 발생하기 위한 전제조건인 것을 나타낸다.

접속

동사 た형 / 명사の + 上で

· よく考えた上で、進路を決めてください。

· ご予約の上で、お越しください。

중요어휘

中井の出願を受けた政府は 나카이의 출원을 받은 정부는 / **島根県の意見を聴取の上で** 시마네현의 의견을 청취한 후에 / **隠岐島庁の所管として差し支えないこと** 오키도청의 소관으로서 지장이 없고 **「竹島」の名称が適当であることを確認した** 다케시마의 명칭이 적당한 것을 확인했다
これをもって 이로써 / **閣議決定によって** 각의 결정에 의해 / **同島を「隠岐島司ノ所管」と定めるとともに** 동섬을 오키도사 소관으로 정함과 동시에 / **「竹島」と命名し** 다케시마라고 명명하고
この旨を内務大臣から島根県知事に伝えた 이 취지를 내무대신으로부터 시마네현 지사에게 전했다
我が国は竹島を領有する意思を再確認した 우리나라는 다케시마를 영유하는 의사를 재확인했다
及び 및 / **訓令に基づき** 훈령에 근거하여 / **所管となった旨を告示するとともに** 소관이 된 취지를 고시함과 동시에 / **対してもこれを伝えた** 대해서도 이것을 전했다 / **なお** 또
当時の新聞にも掲載され広く一般に伝えられた 당시의 신문에도 게시되어 널리 일반에게 전해졌다

<문제1> 다음을 OX로 답하세요

1) 「竹島」の名称が適当であることを確認したのは韓国政府だった。 (　　)

2) 「隠岐島司ノ所管」と定めたのは1905年だった。 (　　)

3) 「竹島」と命名したのは閣議決定だった。 (　　)

4) 韓国は竹島を領有する意思を再確認した。 (　　)

5) 竹島は「竹島」と命名され、当時の新聞にも掲載された。 (　　)

<문제2> 각각의 한자를 바르게 읽은 것을 고르세요

＜出願＞

1. しゅうかん　2. しゅつかん　3. しゅつがん　4. しゅっかん

＜聴取＞

1. ちょうしゅ　2. ちょうしゅう　3. ちょしゅ　4. ちょしゅう

＜適当＞

1. てきと　2. てきとう　3. できと　4. できとう

＜知事＞

1. しさ　2. しじ　3. ちし　4. ちじ

＜一般＞

1. いくぱん　2. いくはん　3. いっばん　4. いっぱん

<문제3> 다음 문장을 읽고 대답하세요

1905年2月、竹島が（　①　）と命名され隠岐島司の所管となった旨を告示するとともに、隠岐島庁に対してもこれを伝えた。なお、このことは当時の（　②　）にも掲載され広く一般に伝えられた。

1. ①에 들어갈 알맞은 단어를 쓰세요.

2. ②에 들어갈 알맞은 단어를 쓰세요.

<문제4> 다음을 **OX**로 답하세요

1) **書類に署名上で、ご返送ください。**（　　）

2) **みんなの予定を確認する上で、日にちを決定しました。**（　　）

11.3 샌프란시스코평화조약에서의 독도문제

1951年9月に署名されたサンフランシスコ平和条約は、日本による朝鮮の独立承認を規定するとともに、日本が放棄すべき地域として「済州島、巨文島及び鬱陵島を含む朝鮮」と規定した。この部分に関する米英両国による草案内容を承知した韓国は、同年7月、梁駐米韓国大使からアチソン米国務長官宛の書簡を提出した。その内容は、「我が政府は、第2条a項の『放棄する』という語を『(日本国が)朝鮮並びに済州島、巨文島、鬱陵島、独島及びパラン島を含む日本による朝鮮の併合前に朝鮮の一部であった島々に対するすべての権利、権原及び請求権を1945年8月9日に放棄したことを確認する。』に置き換えることを要望する。」というものだった。この韓国側の意見書に対し、米国は、同年8月、ラスク極東担当国務次官補から梁大使への書簡をもって、韓国側の主張を明確に否定した。

문형 & 표현

をもって ~로/~를 마지막으로

이 과에서는 '**~**로'라는 뜻으로 쓰였다. 격식을 차릴 때의 표현이다.

접속

명사+をもって

· **期末レポートをもって、成績を決めます。**

· **今回のライブをもって、私たちは解散します。**

중요어휘

署名された 서명된 / **サンフランシスコ平和条約** 샌프란시스코평화조약 / **日本による** 일본에 의한 **独立承認を規定するとともに** 독립승인을 규정함과 동시에 / **日本が放棄すべき地域として** 일본이 포기해야만 할 지역으로 / **この部分に関する** 이 부분에 관한 / **米英両国による** 미영 양국에 의한 **草案内容を承知した** 초안 내용을 안 / **梁駐米韓国大使から** 양 주미한국대사로부터 / **米国務長官宛の書簡を提出した** 미국 국무장관 앞으로 서간을 제출했다 / **第2条a項** 제2조 a항 / **並びに** 및 **朝鮮の併合前に** 조선 합병 전에 / **島々に対する** 섬들에 대한 / **すべての権利** 모든 권리 **権原及び請求権を** 권원 및 청구권을 / **置き換えることを要望する** 바꿀 것을 요망한다 **意見書に対し** 의견서에 대해 / **極東担当国務次官補から** 극동담당국무차관보로부터 / **書簡をもって** 서간으로 / **明確に否定した** 명확히 부정했다

<문제**1**> 다음을 **OX**로 답하세요

1) サンフランシスコ平和条約は、日本による朝鮮の独立承認を規定した。
( )

2) 日本が放棄すべき地域として「済州島、巨文島及び鬱陵島を含む朝鮮」と規定した。 ( )

3) 米国務長官宛の書簡を提出したのは梁駐米韓国大使だった。 ( )

4) 独島及びパラン島を入れるように要望したのは日本だった。 ( )

5) 韓国側の意見書に対し、米国は、韓国側の主張を明確に否定した。
( )

<문제**2**> 각각의 한자를 바르게 읽은 것을 고르세요

＜同年＞
1. とねん 2. とうねん 3. どねん 4. どうねん

＜条約＞
1. じょやく 2. じょうやく 3. ちょやく 4. ちょうやく

＜提出＞
1. ていしゅつ 2. ていしゅうつ 3. てしゅつ 4. てしゅつう

＜放棄＞
1. ほうき 2. ほうぎ 3. ほき 4. ほぎ

＜要望＞
1. ようぼ 2. ようぼう 3. よぼ 4. よぼう

<문제**3**> 다음 문장을 읽고 대답하세요

1951年9月に署名されたサンフランシスコ平和条約は、日本による朝鮮の（　①　）を規定するとともに、日本が（　②　）すべき地域として「済州島、巨文島及び鬱陵島を含む朝鮮」と規定した。

1. ①에 들어갈 알맞은 단어를 쓰세요.

2. ②에 들어갈 알맞은 단어를 쓰세요.

<문제**4**> 다음을 **OX**로 답하세요

1) **遅いをもって終りにします。**（　　）

2) **便利をもって使います。**（　　）

이 과에서 알게 된 것을 자신의 생각과 함께 정리하세요

12과

이승만라인 - 한국자료 + 일본자료

12.1 이승만라인－한국자료

李承晩ラインは1952年、「大韓民国隣接海洋に対する大統領宣言」として、政府が一方的に設定した水域であり、「平和線」とも呼ばれる。韓半島周辺水域50-100海里の範囲で、国際海洋法協約に新たに導入された概念である排他的経済水域の外側限界より内側に位置している。独島はこのラインの内側に入っている。李承晩政府は1953年、漁業資源保護法を制定、この水域内での外国船舶の不法漁労行為を厳しく取り締まった。

이승만라인

문형 & 표현

厳しい 엄중하다/긴박하다/힘들다

엄격하여 조금의 흩트림도 용서되지 않는 상태나 어떤 일의 상황이 긴박한 경우, 곤란이 계속되는 경우 등에 쓰인다.

· 小さい時から厳しいしつけを受けた。

· 厳しい国際情勢が続いている。

· 毎日の生活が厳しい。

중요어휘

大韓民国隣接海洋に対する 대한민국 인접 해양에 대한 / **大統領宣言として** 대통령 선언으로 / **一方的に設定した水域であり** 일방적으로 설정한 수역으로 / **とも呼ばれる** 이라고도 불린다 / **韓半島周辺水域** 한반도 주변수역 / **海里の範囲で** 해리 범위로 / **新たに導入された概念である** 새롭게 도입된 개념인 / **排他的経済水域** 배타적경제수역 / **外側限界より** 바깥쪽 한계보다 / **内側に位置している** 안쪽에 위치하고 있다 / **入れた** 넣었다 / **漁業資源保護法** 어업자원보호법 / **不法漁労行為** 불법 어업 행위 / **厳しく取り締まった** 엄중하게 단속했다

<문제1> 다음을 **OX**로 답하세요

1) 「大韓民国隣接海洋(だいかんみんこくりんせつかいよう)に対(たい)する大統領宣言(だいとうりょうせんげん)」をしたのは、李承晩(イスンマン)大統領(だいとうりょう)だった。（　　）

2) 李承晩(イスンマン)ラインは「平和線(へいわせん)」とも呼(よ)ばれる。（　　）

3) 李承晩(イスンマン)ラインは、政府(せいふ)が一方的(いっぽうてき)に設定(せってい)した水域(すいいき)である（　　）

4) 独島(トクト)は李承晩(イスンマン)ラインの中(なか)にある。（　　）

5) 漁業資源保護法(ぎょぎょうしげんほごほう)を制定(せいてい)したのは1952年(ねん)である。（　　）

<문제2> 각각의 한자를 바르게 읽은 것을 고르세요

＜隣接＞

1. いんせつ　2. いんぜつ　3. りんせつ　4. りんぜつ

＜宣言＞

1. せんけん　2. せんげん　3. ぜんけん　4. ぜんげん

＜一方的＞

1. いっぽうてき　2. いっぽてき　3. いっぽうでき　4. いっぽうでき

＜導入＞

1. とうにゅ　2. とうにゅう　3. どうにゅ　4. どうにゅう

＜内側＞

1. うちかわ　2. うちがわ　3. ないかわ　4. ないがわ

<문제**3**> 다음 문장을 읽고 대답하세요

（　①　）をラインの内側に入れた。（　②　）政府は1953年、漁業資源保護法を制定、この水域内での外国船舶の不法漁労行為を厳しく取り締まった。

1. ①에 들어갈 알맞은 단어를 쓰세요.

2. ②에 들어갈 알맞은 단어를 쓰세요.

<문제**4**> 다음을 **OX**로 답하세요

1) **厳しい歩きます。（　　）**

2) **おいしい厳しいです。（　　）**

12.2 이승만라인–일본자료

1952年1月、李承晩韓国大統領は「海洋主権宣言」を行って、いわゆる「李承晩ライン」を国際法に反して一方的に設定した。同ラインの内側の広大な水域への漁業管轄権を一方的に主張するとともに、そのライン内に竹島を取り込んだ。1953年3月、日米合同委員会で竹島の在日米軍の爆撃訓練区域からの解除が決定された。これにより、竹島での漁業が再び行われることとなったが、韓国人も竹島やその周辺で漁業に従事していることが確認された。同年7月には、不法漁業に従事している韓国漁民に対し竹島から退去するよう要求した海上保安庁巡視船が、韓国漁民を援護していた韓国官憲によって銃撃されるという事件も発生した。

총격당한 해상보안 순시선

문형 & 표현

いわゆる 소위/흔히 말하는

문장체에서 주로 쓰이는 말이다.

- **近藤さんは、いわゆる才色兼備の女性である。**
- **彼女は、いわゆる天性のピアニストだ。**

중요어휘

「海洋主権宣言」を行って 해양주권 선언을 하고 / **いわゆる** 소위 / **国際法に反して** 국제법에 반하여 / **設定した** 설정했다 / **内側の広大な水域への** 안쪽의 광대한 수역에의 / **漁業管轄権** 어업 관할권 / **主張するとともに** 주장함과 동시에 / **取り込んだ** 포함시켰다 / **日米合同委員会で** 미일 합동위원회에서 / **在日米軍の** 재일 미군의 / **爆撃訓練区域からの解除** 폭격 훈련 구역으로부터의 해제 / **これにより** 이에 따라 / **竹島での漁業が** 다케시마에서의 어업이 / **再び行われることとなったが** 다시 행해지게 되었는데 / **周辺で** 주변에서 / **不法漁業に従事している** 불법어업에 종사하고 있는 / **竹島から退去するよう** 다케시마에서 퇴거하도록 / **海上保安庁巡視船** 해상 보안청 순시선 / **援護していた** 원호하고 있던 / **韓国官憲によって** 한국 관헌에 의해 / **銃撃されるという** 총격당한다고 하는

<문제1> 다음을 OX로 답하세요

1) 李承晩(イスンマン)ラインは、国際法(こくさいほう)に反(はん)した一方的(いっぽうてき)な設定(せってい)だった。（　　）

2) 李承晩(イスンマン)ラインは、竹島(たけしま)を取(と)り込(こ)んだ。（　　）

3) 竹島(たけしま)は在日(ざいにち)米軍(べいぐん)の爆撃訓練(ばくげきくんれん)区域(くいき)だった。（　　）

4) 韓国人(かんこくじん)は竹島(たけしま)やその周辺(しゅうへん)で漁業(ぎょぎょう)に従事(じゅうじ)していた。（　　）

5) 韓国官憲(かんこくかんけん)は、海上保(かいじょうほ)安庁巡視船(あんちょうじゅんしせん)に銃撃(じゅうげき)した。（　　）

<문제2> 각각의 한자를 바르게 읽은 것을 고르세요

<大統領>
1. たいとうりょ　2. たいとうりょう　3. だいとうりょ　4. だいとうりょう

<広大>
1. こうたい　2. こうだい　3. ごうたい　4. ごうだい

<解除>
1. かいじょ　2. かいじょう　3. がいじょ　4. がいじょう

<従事>
1. じゅし　2. じゅじ　3. じゅうし　4. じゅうじ

<銃撃>
1. しゅうげき　2. しゅげき　3. じゅげき　4. じゅうげき

<문제**3**> 다음 문장을 읽고 대답하세요

不法漁業に従事している韓国漁民に対し竹島から退去するよう要求した（　①　）が、韓国漁民を援護していた（　②　）によって銃撃されるという事件も発生した。

1. ①에 들어갈 알맞은 단어를 쓰세요.

2. ②에 들어갈 알맞은 단어를 쓰세요.

<문제**4**> 다음을 **OX**로 답하세요

1) **いわゆる、おいしいです。（　　）**

2) **彼はいわゆる、独身貴族です。（　　）**

12.3 독도는 불법점거-일본자료

1954年6月、韓国内務部は韓国沿岸警備隊の駐留部隊を竹島に派遣したことを発表した。同年8月には、竹島周辺を航行中の海上保安庁巡視船が同島から銃撃された。韓国側は、現在も引き続き警備隊員を常駐させるとともに、宿舎や監視所、灯台、接岸施設等を構築している。

「李承晩ライン」の設定は、公海上における違法な線引きであるとともに、韓国による竹島の占拠は、国際法上何ら根拠がないまま行われている不法占拠である。韓国がこのような不法占拠に基づいて竹島に対して行ういかなる措置も法的な正当性を有するものではない。

독도 주변에서 훈련하는 한국군

문형 & 표현

ものではない ~하는 것이 아니다

사람의 행위를 나타내는 동사에 붙어서 그렇게 해서는 안 된다고 하는 충고나 조언을 할 때 쓰인다. 상식이나 도리 등 행동규범이 객관적으로 정해져 있을 때 많이 쓴다.

접속

동사 보통형 + ものでは(じゃ)ない **~하는 것이 아니다**

· **結婚式では、黒いネクタイをするものじゃないです。**

· **人は外見で判断するものではない。**

중요어휘

韓国内務部は 한국 내무부는 / **沿岸警備隊** 연안 경비대 / **駐留部隊** 주둔부대 / **派遣したことを発表した** 파견한 것을 발표했다 / **周辺を航行中の** 주변을 항행중인 / **引き続き警備隊員を常駐させるとともに** 계속 경비대원을 상주시킴과 동시에 / **宿舎や監視所** 숙소나 감시소 / **灯台** 등대 **接岸施設等を構築している** 접안시설 등을 구축하고 있다 / **設定は** 설정은 / **公海上における違法な線引きであるとともに** 공해상에서의 위법 선 긋기임과 동시에 / **占拠は** 점거는 **何ら根拠がないまま行われている不法占拠である** 아무런 근거가 없는 채로 행해지고 있는 불법점거이다 / **基づいて** 근거하여 / **いかなる措置も** 어떠한 조치도 / **法的な正当性を有するものではない** 법적인 정당성을 가지는 것은 아니다

<문제**1**> 다음을 **OX**로 답하세요

1) 韓国内務部は韓国沿岸警備隊の駐留部隊を竹島に派遣した。（　　）

2) 竹島周辺を航行中の海上保安庁巡視船が韓国沿岸警備隊から銃撃された。（　　）

3) 韓国側は、竹島に警備隊員を常駐させた。（　　）

4) 日本は竹島に宿舎や監視所、灯台、接岸施設等を構築している。（　　）

5) 韓国による竹島の占拠は、国際法上何ら根拠がない。（　　）

<문제**2**> 각각의 한자를 바르게 읽은 것을 고르세요

<発表>
1. はっぴょ　2. はっぴょう　3. はっぴょお　4. ばっぴょう

<構築>
1. こうちく　2. こちく　3. こうじく　4. こじく

<灯台>
1. とうだい　2. とだい　3. どうだい　4. どだい

<常駐>
1. じょうちゅ　2. じょうちゅう　3. じょちゅ　4. じょちゅう

<法的>
1. ほうてき　2. ほてき　3. ぼうてき　4. ぼてき

<문제3> 다음 문장을 읽고 대답하세요

「李承晩ライン」の設定は、公海上における違法な線引きであるとともに、（　①　）による竹島の占拠は、（　②　）何ら根拠がないまま行われている不法占拠である。

1. ①에 들어갈 알맞은 단어를 쓰세요.

2. ②에 들어갈 알맞은 단어를 쓰세요.

<문제4> 다음을 **OX**로 답하세요

1) 人の言葉を信じるものではない。（　　）

2) 男は泣きますものではない。（　　）

이 과에서 알게 된 것을 자신의 생각과 함께 정리하세요

이시윤 (舊名 李一淑)

- 일본 오차노미즈여자대학 석사 및 박사
- 현재 성결대학교 글로벌물류학부 교수

저서

- 일본 전통문화의 이해
- 포인트일본문학사
- 일본고전문학감상
- 일고전문법
- 기초일본어
- 레벨업 일본어 외 다수

동아시아 평화로 읽는 일본어 독해

초판 1쇄 발행 _ 2021년 8월 30일

저 자 · 이 시 윤
발행인 · 정 현 걸
발 행 · 신 아 사
인 쇄 · 대명프린팅
주 소 · 서울특별시 은평구 통일로 59길 4 (2층)
전 화 · (02) 382-6411 팩스 · (02) 382-6401
홈페이지 · www.shinasa.co.kr
E-mail · shinasa@daum.net
출판등록 · 1956년 1월 5일 (제 9-52호)

ISBN 979-11-91158-59-5 (93730)

정가 15,000 원